云南省2023年本科教育教学改革研究项目"深度学习理论指导下的大学英语混合式教学设计与实践研究"（项目编号：JG2023327）研究成果

2024年度外教社全国高校外语科研课题"促进高阶学习的大学英语混合式教学研究"（项目编号：202412524YN）研究成果

2024年度云南省教育厅科学研究基金项目"生态文明建设背景下国内主流英文媒体中的云南形象研究"（项目编号：2024J1142）研究成果

深度学习视域下大学英语混合式教学研究

李文方 ◎ 著

郑州大学出版社

图书在版编目(CIP)数据

深度学习视域下大学英语混合式教学研究 / 李文方著. -- 郑州：郑州大学出版社，2025.4. -- ISBN 978-7-5773-0998-9

Ⅰ．H319.3

中国国家版本馆 CIP 数据核字第 2025NQ0939 号

深度学习视域下大学英语混合式教学研究
SHENDU XUEXI SHIYU XIA DAXUE YINGYU HUNHE SHI JIAOXUE YANJIU

策划编辑	王卫疆	封面设计	苏永生
责任编辑	吴　静	版式设计	苏永生
责任校对	王孟一	责任监制	朱亚君
出版发行	郑州大学出版社	地　　址	河南省郑州市高新技术开发区
经　　销	全国新华书店		长椿路11号(450001)
发行电话	0371-66966070	网　　址	http://www.zzup.cn
印　　刷	河北虎彩印刷有限公司		
开　　本	710 mm×1 010 mm　1 / 16		
印　　张	12.5	字　　数	220 千字
版　　次	2025 年 4 月第 1 版	印　　次	2025 年 4 月第 1 次印刷
书　　号	ISBN 978-7-5773-0998-9	定　　价	58.00 元

本书如有印装质量问题，请与本社联系调换。

前　言

　　新时代新征程,作为高等教育重要组成部分的大学英语教学应与时俱进,深入研究教育数字化的方法路径,助力德才兼备的高素质人才培养,为学习型社会、学习型大国提供有力支撑。混合式教学因整合了面授教学和在线学习的双重优势而成为"时代宠儿"。然而,现阶段大学英语混合式教学仅为学生提供了灵活的学习时空,实际效果却不甚理想,"浅层低效"的问题突出,具体表现为学生学习投入水平不高、积极参与较少、深层次学习体验不足等,许多大学英语混合式教学陷入了"场面热闹,内涵不足"的困境。因此亟须引入科学的教学理念和方法,优化大学英语混合式教学的设计框架和实施流程。

　　深度学习因其"促进深度参与、培养高阶能力、为迁移而学"的核心理念,正在成为变革教学方式、提升教学质量、培养核心素养、构建智慧教学的重要抓手。因此,笔者以混合式教学为研究场域,以促进深度学习为研究目标,以大学英语为研究对象,探索提升大学英语混合式教学质量的有效策略与路径。

　　本书共分为六章:第一章导论阐述了本书的选题缘起、研究现状、研究目的及意义、研究思路与方法。第二章对深度学习视域下大学英语混合式教学进行了理论探索。第三章研究了深度学习视域下大学英语混合式教学的理论依据,将建构主义理论、情境认知理论、元认知理论和活动理论作为实施深度学习视域下大学英语混合式教学的依据。第四章从系统设计的角度研究了深度学习视域下大学英语混合式教学的设计,包括教学目标、教学资源、教学模式、教学方法、教学组织形式和教学管理。第五章讨论了深度学习视域下大学英语混合式教学的基本要求,从教师和学生两个要素入手探讨为深度学习视域下大学英语混合式教学实施提供保障的基本要求。第六章系统化研究了深度学习视域下大学英语混合式教学评价体系,从深度学习视域下大学英语混合式教学评价的取向与标准、原则及方法,以及操作程序三个方面对促进深度学习的大学英语混合式教学评价体系进行全面探讨。通过对以上内容的探讨和研究,希望能够为大学英语混合式教学现存的"浅层低效"问题提供有效的解决策略,为提升大学英语混合式教学质量和丰富深度学习理论带来启迪。

目 录

第一章 导论 ··· 1
  一、研究背景 ··· 1
  二、文献综述 ··· 2
  三、研究目的及意义 ·· 9
  四、研究思路与方法 ·· 11

第二章 深度学习视域下大学英语混合式教学的理论探索 ········ 14
  一、大学英语课程的性质 ·· 14
  二、大学英语混合式教学的内涵及特征 ······························ 23
  三、深度学习的理论框架 ·· 35

第三章 深度学习视域下大学英语混合式教学的理论依据 ········ 49
  一、建构主义理论 ··· 49
  二、情境认知理论 ··· 56
  三、元认知理论 ·· 62
  四、活动理论 ··· 68

第四章 深度学习视域下大学英语混合式教学的系统设计 ········ 74
  一、教学目标设计 ··· 74
  二、教学资源设计 ··· 84
  三、教学模式设计 ··· 93
  四、教学方法设计 ·· 101
  五、教学组织形式设计 ··· 108
  六、教学管理设计 ·· 111

第五章　深度学习视域下大学英语混合式教学的基本要求 …………… 114
　　一、对教师的基本要求 ……………………………………………… 114
　　二、对学生的基本要求 ……………………………………………… 133
第六章　深度学习视域下大学英语混合式教学评价体系 …………… 147
　　一、教学评价的取向与标准 ………………………………………… 147
　　二、教学评价的原则及方法 ………………………………………… 157
　　三、教学评价的操作程序 …………………………………………… 170
结语 ………………………………………………………………………… 185
参考文献 …………………………………………………………………… 186

第一章
导　论

一、研究背景

(一)时代背景

在当前知识经济背景下,社会对人才的需求,早已由常规应用型,转向创新创造型,想要为国家和社会的建设与发展输送更多优质人才,人们就要不断进行现代教育的实践与反思,加大对创新创造型人才教育体系的建设与完善。而高等教育无疑是为社会输送人才的主要单位。因此,高校需要从自身实际出发,打造适应社会发展的创新创造型人才培养机制,培养大量极具批判思维、创新意识、实践能力的现代化高素质人才,在充分发挥高校核心职能作用的同时,为助力社会发展提供更多软实力保障。关于深度学习,欧洲的《博洛尼亚宣言》曾指出,高等教育的成功之处在于学校愿意为学生创造深度学习的参与机会。美国从2015年就将深度学习充分应用于新世纪的公民培养。我国在2018年也明确提出"打造金课"的要求,提出增加学生学业难度,提高教学课程难度等的高校教育要求。从学习科学的角度来讲,想要让高校大学生更好地完成"金课"学习,势必要让学生学会更深层次的知识理解和迁移应用。因此可以说,基于深度学习展开高校英语教学实践改革是时代背景下高等教育质量提升的大力呼唤。

(二)重要趋势

科技进步让线上线下相结合的混合式教学应用日渐广泛。2019年10月我国教育部发布的《关于一流本科课程建设的实施意见》(教高〔2019〕8号)将"线上线下混合课程"纳入一流本科"双万计划"重要内容。2020年2

月,教育部提出"采取政府主导、高校主体、社会参与的方式,共同实施并保障高校在疫情防控期间的在线教学",让我国在新冠疫情影响下仍旧"停课不停学"。2022年3月,教育部、中央网信办、工业和信息化部、公安部、市场监管总局联合发布的《关于加强普通高等学校在线开放课程教学管理的若干意见》(教高〔2022〕1号)也明确指出:"高校是在线开放课程教学管理的责任主体,要制定本校在线开放课程教学管理办法,规范课程选用、教学、评价、督导和学分认定等管理制度,将在线开放课程纳入日常教学管理,做到线上与线下课程同管理、同要求。"以上内容都说明当前我国的高等教育正在进行教学模式创新与重构。因此,混合式教学应用于高等教育是现代高等教育改革与发展的重要趋势。

(三)现实诉求

混合式教学可以有效解决线上教学的短板问题,让学生可以全空间参与学习,同时能够提升学生的学习主动性,并监督教师落实教学工作。随着教育改革,混合式教学在强调学生个性化发展与差异化提升、优化教师教学质量等方面的作用日渐显著。但现阶段很多教师对于混合式教学的应用认知有偏差,无法深层次将线上线下的教学结合起来,进而实现教学设计的统一,混合式教学实践因缺乏系统性,效果并不显著。鉴于此,本书的研究是在深层次挖掘混合式教学应用于高等教育存在的显著问题,进行优化设计,以期提升相应的教学质量;也在一定程度上响应混合式教学的浅层低效问题,表达高校英语教学的现实诉求。

二、文献综述

(一)深度学习的研究现状

深度学习是计算机领域和教育领域当前共同深入探讨的学术话题,前者的研究偏向于机器学习高效技术的实现,后者的研究则更偏向于如何引导学生通过知识迁移与高阶能力获得提升学习质量。此处的深度学习特指教育领域研究的深度学习。

国内关于深度学习的研究,文献方面最早见于2005年,当时何玲、黎加厚发表的《促进学生深度学习》一文影响较大。① 此后,更多专家学者和一线教师开始展开相关研究,而后便向翻转课堂、慕课(MOOC)、问题探究、项目学习等模式逐渐延伸与转变。如今,相关的研究成果已经极为丰富,而就对应的研究趋势来讲,2005—2015 年,相关研究发展较为缓慢,文献数量变化不明显,但从 2015 年开始,随着慕课等的出现,深度学习的实践路径更宽,投入研究的人越来越多,研究成果逐渐走向显著。2019—2020 年,国内专家学者对深度学习的认知、研究与反思更充分,研究成果更趋丰富的同时,研究走向也有所拓展。国内相关的研究热点也主要集中在核心素养、教学策略、翻转课堂、教学设计、人工智能及高阶思维等方面。比如,陈阳认为,想要切实提升中专学校学生的思想政治学科的科学素养,应以"深度学习"理念为统领,从深入钻研教材、把握学习原点、整体设计任务、引发深度学习、深刻求索反思,素养生根发芽等维度出发,通过聚焦情境、思辨议题、融合任务、发展评价等充分提升学生学科核心素养。② 柳国学认为,素质教育下,高中生物教师在教学实践中,应该重点关注学生的学习深度,并在明确采用深度学习教学原则的基础上,从确定核心主题、强化课堂互动、开展综合评价三方面提出了具体的教学实践策略,希望以此提升高中学生的生物知识学习深度。③ 王艳在研究中,基于深度学习对高中文言文翻转课堂教学策略展开了研究,提出了"根据学情设计微课短视频、课前学习检测发现学生学习问题、课中自主探究推进课堂走深走实、深化合作交流完善课堂学习成效、优化评价机制留存深度学习内容、课后迁移应用持续改进学习机制"的教学策略,以期有效解决当前高中文言文教学中存在的学生参与度不足、教学内容乏味无趣等问题。④ 孙世昶、林鸿飞、刘爽等在研究中认为,在人工智能课程教学中,教师可以将任务驱动和深度学习结合起来,并明确指出这样的方法能够有效激发学生的人工智能课程参与积极性,让学生进一步学习和适应

---

① 何玲、黎加厚:《促进学生深度学习》,《现代教学》2005 年第 5 期,第 29—30 页。
② 陈阳:《深度学习:让思政学科核心素养落地生根》,《全国优秀作文选(教师教育)》2024 年第 3 期,第 34—35 页。
③ 柳国学:《指向深度学习的高中生物大单元教学策略》,《学周刊》2024 年第 21 期,第 107—109 页。
④ 王艳:《基于深度学习的高中文言文翻转课堂教学策略》,《新课程导学》2024 年第 14 期,第 100—103 页。

人工智能领域逐渐提升的发展要求,为我国的新一轮科技革命奠定坚实基础。①

国内关于深度学习的研究,研究主题上主要以深度学习的典型特征、发生机制、影响因素、促进策略、教学实践、效果评价等为主。比如,朱旻媛认为现阶段的高职院校虽然在线课程发展极其迅速,但是仍存在较为明显的浅表性学习问题。基于此,她在研究中具体从在线课程深度学习发生的影响因素出发,经过分析,认为要落实好在线课程深度学习必须以激活学习动机、引导复杂问题深度探究、提供学习支持作为前提遵循和关键保障,并在此基础上提出了信息输入、深度加工和学习生成在内的高职在线课程深度学习模型,想以此提高高职会展英语在线课程的教学质量。② 董福杰、王秀翠基于深度学习展开高中语文阅读教学实践研究,认为通过有效组织学生参与深度学习,可以引导学生亲历知识发展的过程,进而获得更为深刻的文本情感体验,这对于提升学生的阅读主动性和掌握更丰富的阅读方法都有积极影响。③ 张梅认为当前的课堂教学越来越突出学生的学习主体地位,所以传统的知识讲授及教学评价方法早已无法与学生深度学习的需求相匹配。鉴于此,她认为应该从教学全过程入手,从确立教学目标开始转变教学思路,借助现代媒体技术展开教学,同时采取学生互评、教师评价、口头评价、作业评价等"多评一体"的方式引导学生展开学习。④

国外相关的研究起步较国内更早一些,而在文献发表上,经历了2011—2014年、2015—2017年、2018年、2019年四个发展阶段,由缓慢增长走向明显上升,后来进入低谷,此后崛起,相关的研究成果也日渐丰富,其中研究主题主要涉及概念内涵、学习策略、学习资源、情境设计、方法创新等。比如,Matania、Dattner、Bortman等在研究中系统地回顾了深度学习用于旋转机械故障诊断的文献,并重点关注了真实案例,研究认为深度学习与领域自适应

---

① 孙世昶、林鸿飞、刘爽等:《结合任务驱动和深度学习的人工智能课程教学探索》,《计算机教育》2024年第6期,第84—88页。

② 朱旻媛:《高职在线课程深度学习的发生机制与模型构建》,《江西科技师范大学学报》2024年第2期,第114—122页。

③ 董福杰、王秀翠:《深度学习视野下高中语文阅读教学实践》,《作文(高中版)》2024年第20期,第21—22页。

④ 张梅:《历史深度学习的教学与评价路径》,《教育》2024年第13期,第111—112页。

相结合,正在取代传统的物理和信号处理技术,并在研究的最后提出了深度学习可以成功实施的方向,认为据此有助于增强当前的诊断能力。[①] Follmer,Hut,Spitznogle 等指出在中等教育中,促进深度学习的方法越来越受欢迎,但关于深度学习的长期影响却知之甚少,并从中学的出勤率、自我调节学习信念、内容知识、四年的坚持学习和学位获得之间的长期关联等方面入手研究了深入学习,结果表明更深层次的学习策略可能促进学生积极学习质量的整体提升。[②]

总之,为了尽可能培养更多的创新型人才,国内外对于深度学习的研究日盛,且相关研究取得的成效也都较为显著。值得注意的是,人们对深度学习内涵的研究应注意避免泛化和异化,研究前需先明确研究应遵循的概念框架。另外,当前国内相关研究虽有所成效,但仍处于小范围研究阶段,想要实现国内深度学习研究与国际的接轨,需大力开展横向、纵向的对比与跟踪研究。

(二)混合式教学的国内外研究现状

就文献统计方面来讲,近年来学术界和教育界对混合式教学模式的研究更趋重视。以"混合式教学"为关键词进行中文文献检索,发现国内相关研究在 2015 年以前极少,但随着移动终端的持续普及,2015—2020 年的五年内相关研究随之增多且逐渐深入。2020 年受线上教学的影响,相关研究更是大幅增加,此后的两年间相关研究文献数量暴增,直至当下,相关研究在国内依旧较为热门。当前,国内关于混合式教学的研究主要集中在理论、实际课程教学应用、不同教学工具的实践比较与分析及模式教学评价等。比如,储亚萍、刘硕针对当前高校线上线下混合教学过程中存在的问题展开研究,相关问题具体表现在在线答疑和问题反馈不够及时、缺乏对在线学习的有效监督、学生参与线上课程积极性较低、线上线下教学的融合程度较

---

① Matania O, Dattner I, Bortman J, et al:"A systematic literature review of deep learning for vibration–based fault diagnosis of critical rotating machinery: Limitations and challenges",*Journal of Sound and Vibration*, 2024, 590, pp. 118562.

② Follmer J D, Hut M, Spitznogle R, et al:"First-generation student pathways to persistence and degree attainment: The roles of deeper learning and self-regulated learning beliefs",*Learning and Individual Differences*, 2024, 113, pp. 102471.

低、混合式教学评价体系相对简略等方面。据此,研究中从增加答疑时间及渠道、跟踪监督学习数据、提高学生主动性和参与度、优化课程融合设计、完善课程评价模式和评价体系等方面提出了问题解决策略。[①] 姚春序、朱亚梅针对国内高等教育混合式教学展开研究综述与展望,结果显示,国内高等教育领域混合式教学研究频率总体呈波段上升趋势,研究范围主要集中在教育理论与教育管理学科领域,研究热点聚焦于"混合式教学""MOOC""高等教育""在线教育""地平线报告""教育信息化",发文量较多的院校机构主要分布在江苏、浙江、上海,其中以华东师范大学为最。由此可见,针对混合式教学的学习分析、教学模式、影响因素、实证探究及效果评测将是未来教育信息化改革研究的主要趋势。[②] 张静在研究中选择了"一起"和"可可"两款更具优势的教学工具应用于英语阅读课的教学实践,想通过应用不同教学工具设计英语阅读教学课程,进而引导学生将课本精读与课外泛读相结合,提升学生英语读写能力,认为现阶段的中学英语混合式教学中多教具结合应用的相关研究实践有所不足。[③]

国外相关研究较国内起步更早一些,成果积累更显著,基于外网进行"blended teaching"为关键词的检索发现迄今相关文献已超过230万,整体的发展趋势也与国内的走向基本相似。而在国外相关的教学实践与应用中,以理论研究为主,近些年相关研究主要集中于平台及教学工具等的创新及教学效果等的改善。此外,关于相关教学评估的研究也是重要的方向之一。比如,Pacheco, Mahecha, Campo 等在研究中以拉美11所大学的587名接受在线教学的学生和635名接受混合教学的学生为例,探讨了在线教学方法和混合教学方法在培养大学生跨课程技能方面的有效性,研究结果突出了混

[①] 储亚萍、刘硕:《高校线上线下混合式教学中的问题及对策研究》,《科技风》2024年第11期,第67—69页。

[②] 姚春序、朱亚梅:《国内高等教育混合式教学研究述评与展望》,《高教学刊》2024年第12期,第91—95页。

[③] 张静:《混合式教学工具提升初中生英语阅读能力的实证研究》,西北师范大学2021年硕士论文。

合式教学方法在培养关键工程技能方面的优越性。① Ali,AlQarni,Migdadi 等在研究中调查了培训项目在支持语言教师整合混合学习方法方面的有效性,强调了维果茨基教育理论的重要性。研究中,通过混合方法使 126 名大学教育工作者参与进来,又通过访谈和调查来探索解决方案,研究结果显示培训在提高讲师的数字素养和内容创作技能以及确保所有学生获得公平机会等方面都有积极作用。②

(三)深度学习与混合式教学的融合研究现状

深度学习与混合式教学作为 2000 年之后才逐渐兴起的两大现代教育理念,在 2010 年以前,对应的研究都是单独进行的,二者之间结合后展开的研究处于空白状态,但此后,随着学术界、教育界等对于人才培养现状的不断深入反思,融合研究成为二者的重要发展趋势。尤其在 2019 年我国明确提出大力建设与推行线上线下结合式的混合式一流本科课程后,如何将深度学习与混合式教学充分结合开展实践与研究,成为专家、学者及一线教育工作者关注的焦点。比如,郭海燕、陈晶、陈菲娜等以医学英语课程为对象,展开了学生深度学习与教师混合式教学相结合的设计与实践,认为在当前的"四新"环境下,想要为国家建设培养更多卓越的医学人才,需要学校充分挖掘本校现有的一流课程标准,以学生深度学习为导向,对当前已有的省级一流本科课程资源与建设经验进行教学目标、内容、流程、情境和评价方式等方面的有效整合。③ 许志红、张炜、黄睿彦等针对大学生混合式教学接受意愿对深度学习的影响展开研究,研究结果表明,大学生对混合式教学模式的接受意愿与深度学习之间是正相关关系,即大学生越容易接受混合式教学

---

① Pacheco P L D A M, Mahecha R D J, Campo M M, et al:"Effectiveness of online and blended teaching methods in developing professional engineering cross-curricular skills: A study in the context of Latin America", *Research in Comparative and International Education*, 2024, 19 (2), pp. 197—223.

② Ali A A, AlQarni K, Migdadi F H, et al:"Addressing the Challenge of Hybrid Learning Environment in Foreign Language Education: Training Lecturers for Blended Teaching Approaches", *Theory and Practice in Language Studies*, 2024, 14 (5), pp. 1582—1594.

③ 郭海燕、陈晶、陈菲娜等:《基于一流课程标准的医学英语混合式教学设计与实践:深度学习视角》,《中国医学教育技术》2024 年第 3 期,第 333—336 页。

模式,对深度学习的投入程度越高,学习效率也越好。① 朱燕在研究如何通过混合式教学模式强化高校大学生的英语阅读深度学习的研究中认为,教师可以通过教学前期进行线上分析与资源融合、促进深度学习的课堂教学过程设计、设计具有挑战性的阅读任务、构建混合式多元评价模式等策略促进学生深度学习,提升学生英语阅读能力。② 庹梦婷在深度学习理念下"大学语文"混合式教学的研究中认为,想要有效应对现阶段"大学语文"混合式教学中面临的挑战,切实让"大学语文"混合式教学走向应用常态化,需要高校语文教师以"深度学习"理念为依托,借助具体的教学案例呈现"大学语文"混合式教学的设计思路,以此大力提升大学生对"大学语文"的深入学习能力,让学生获得更多的深度学习助力。③

  总之,现阶段我国关于深度学习与混合式教学的融合研究可做以下方面的总结。一方面,要进一步做好线上和线下相结合的教学活动的设计,需要教师多结合活动理论、混合学习特征和深度学习要求等,提出对应的活动设计策略,并重视课前、课中、课后三个阶段的学习活动逻辑顺序和规则设计。另一方面,通过构建"3×3"的课前、课中及课后混合式教学模式可以帮助学生在深度学习中更好地查漏补缺。此外,关于如何基于深度学习落实好混合式教学,谭爽认为可以打造"课前—知识获取—知识点""课中—知识反思—交互点""课后—知识迁移—实践点""结课—知识测评—评价点"的"阶段—目标—关键点"式深度学习混合式教学模式,以此引导学生学会对理论知识的自主学习、理性表达与批判、有效迁移与应用、自我评价与反思。关于深度学习与混合式教学相结合的教学评价,很多专家、学者也都一致认为,应该充分发挥线上教学平台的自动化评价功能,弥补线下教学评价的不足,结合情境评价、表现评价、即评等进一步构建和完善基于深度学习的混合式教学评价。

---

  ① 许志红、张炜、黄睿彦:《大学生混合式教学接受意愿对深度学习的影响:知觉行为控制与学习投入的链式中介作用》,《商丘师范学院学报》2024 年第 4 期,第 88—93 页。

  ② 朱燕:《促进深度学习的高校混合式英语阅读教学模式探讨》,《英语广场》2024 年第 4 期,第 99—102 页。

  ③ 庹梦婷:《深度学习理念下"大学语文"混合式教学的设计与实践》,《安徽电子信息职业技术学院学报》2023 年第 4 期,第 34—37 页。

三、研究目的及意义

(一)研究目的

1. 充分厘清深度学习的内涵并据此构建理论框架

行为主义者认为学习是人们借助外部环境的刺激和反应所做出的行为改变;认知主义者认为学习是人们内部心理过程的变化;构建主义者认为学习是个体在与环境互动过程中主动建构知识的过程;人本主义者则认为学习是为了满足个人的成长和自我实现的需求。因此,"学习"是一个极其复杂的概念,而受此影响,"深度学习"也被赋予了极具复杂性的概念内涵。本书旨在基于文献研究法对已有的国内外相关文献进行梳理,从多个维度进行深度学习内涵的梳理与理解,并基于深度学习基本原理等进行理论框架的构建。

2. 从深度学习教学设计与评价体系探究角度完善理论体系

深度学习是较为先进的现代化高质量学习理念,势必会迎来更好的发展前景,得到更多专家、学者及一线教育工作者的认可、研究与实践。时至今日,关于深度学习的研究,国内外学者多集中于对其内涵及特征等的解读和实践,但从更深层次展开的深度教学设计与评价体系的探究,目前处于相对缺乏的状态,需要专家、学者进一步去进行系统的研究与完善,这样也能够为更多一线教师深度学习教育工作的开展提供充分性依据与保障。因此,本书拟通过文献研究法,梳理归纳出一整套可行性深度学习活动策略与评价方案来支持大学英语教学设计与评价体系,明确相应的活动主题、方案、工具及对应评价方法、指标等。

3. 基于深度学习与混合式教学的结合优化大学英语教学设计框架

混合式教学以其灵活性、个性化和多样化的优势,逐渐成为现代教育的重要模式,不仅能满足学生多样化的学习需求,也为教师提供了更多的教学创新空间,最终促进了教与学质量的提升。而基于教师混合式教学引导下的学生混合学习,具有明显的要素复杂、场域多元等特征,需要以一致性构建原则为前提与深度学习进行融合设计,这样才能够在大学英语教学设计中实现对一般性混合学习设计要素的优化,进而帮助更多一线教师把握深度学习与混合学习相结合的教师混合式教学设计目标、资源、模式及方法、形式、管理等,并分别从教师和学生两个不同维度提出深度学习视域下大学英语混合式教学实践中各自应具备的基本要求。

4. 制定深度学习视域下大学英语混合式教学评价体系来论证实践效果

从深度学习结果的类型较为丰富的特征入手,提出深度学习视域下大学英语混合式教学的取向与标准、原则及方法,并明确相应的评价操作程序,进而制定符合深度学习实际的混合学习多元评价方案,结合混合式教学的突出优势,打造多元化评价指标体系,从大学英语混合式教学的准备阶段、实施阶段、反思阶段组织全阶段性教学评价,并基于不同阶段设定不同的评价指标,对评价过程进行丰富的量化与质性双重分析,进而提升深度学习视域下大学英语混合式教学的科学性、可行性与价值性。

(二)研究意义

1. 理论意义

作为新兴理念,深度学习的研究及应用领域也在不断扩大,但迄今为止相应的理论体系建设仍不够完善,此处的理论意义主要体现在以下几个方面:

(1)深度学习为理解和解释复杂的大学英语学习过程提供了新的视角,教师通过深度学习理念与大学英语混合式教学的结合,可以进一步丰富和扩展现有的高校英语教育理论体系,特别是关于英语学习的过程、认知机制和学习环境设计相关的理论将得到进一步的完善和发展。

(2)深度学习强调通过多层神经网络进行复杂模式的识别和学习,这一原理可以为大学英语混合式教学提供科学的指导,让教师进一步优化教学设计,提高教学方法的科学性和有效性,促进学生更深层次地理解和应用英语语言知识。

(3)深度学习视域下的大学英语混合式教学研究,涉及教育学、语言学、计算机科学等多个学科的交叉,而这样的跨学科研究,往往能够极大地推动各学科间的理论融合与创新,进而促进跨学科理论的发展。

(4)单从深度学习的角度来讲,目前国内关于这一理念的发生条件、优化措施及评价方案相关的研究相对缺乏,而本书的研究可以在一定程度上实现对这一缺失的弥补,让国内的深度学习理论体系建设进一步得到完善。

2. 实际意义

开展深度学习视域下的大学英语混合式教学研究,不仅具有重要的理论意义,同时也具有显著的实际意义。

(1)混合式教学模式结合了线上和线下的优势,鼓励学生自主安排学习时间和进度。深度学习则可以为学生提供实时反馈和指导,二者相结合有助于学生更好地进行自主学习和自我调节,从而培养学生的自主学习能力。

(2)混合式教学的应用需要教师不断学习和提升,这将促进教师的专业发展,提高教师的教学能力和水平。教师通过与学生的互动和反馈,也能够不断改进自己的教学策略和方法。此外,深度学习视域下的混合式教学研究也有助于新兴教学模式的不断优化和创新,进而为教育界探索出更多教学方法和模式提供基础,从而推动现代教学模式的衍生与更迭。总之,在当前我国大力推行高等教育改革的重要阶段,不断尝试基于一流课程的建设提升高校教学质量至关重要。本书的研究既能够为高校英语课程建设与优化提供思路,也能够为一线教师更充分地开展教学实践提供助力。

四、研究思路与方法

(一)研究思路

本书主要通过理论与实践相结合的方式展开研究,采取量化与质性二者相统一的混合式研究方法完成研究。一方面,从理论的、量化的角度来讲,本书先基于文献研究法,通过大量查阅、搜集、整理、归纳与"深度学习""混合式教学""高校英语"等相关的文献数据资料,明确了深度学习视域下大学英语混合式教学研究的研究背景,然后从深度学习、混合式教学及深度学习与混合式教学的融合研究三方面入手,厘清了当前国内外相关研究现状,并明确了本书研究的目标、意义、思路及方法,最后在此基础上对大学英语课程的性质、大学英语混合式教学的内涵及特征、深度学习的理论框架、深度学习视域下大学英语混合式教学的理论依据等进行了详细分析与阐述,为后续实质性研究工作的充分开展奠定了基础。另一方面,从实践的、质性的角度入手对深度学习视域下大学英语混合式教学展开教学活动,先从目标、资源、模式、方法、形式、管理等方面进行深度学习视域下大学英语混合式教学的系统设计,然后明确了教师和学生参与研究实践活动需要具备的基本要求,最后展开了研究实践活动实施效果的评价,明确了评价取向与标准、原则及方法以及具体的操作程序,论证了研究的可行性。值得注意的是设计研究法是贯穿整个研究全过程的方法,旨在基于迭代循环方式辅助研究充分展开,有效影响学生深度学习与教师混合式教学的充分开展并就最终的实践效果作以解释说明,进而促进教育革新的不断推进。

(二)研究方法

1. "设计研究"法

所谓"设计研究"法,可以理解为"基于设计的研究",是一种术语的文字表达形式,常见的有"设计研究""设计实验"等,外文语境下多称之为"design-based-research(简称DBR)",但相较于外文语境下的应用,该术语在中文语境下的应用存在明显的"短语长,结构复杂,不利于遣词造句"等问题。受此影响,中文文献中人们通常习惯性用"设计研究"代替"DBR",且这样的使用方法持续至今,现阶段国内关于"设计研究"的研究成果较为丰富。而关于设计的研究,当前在其目的、方法等不同维度形成的典型特征如下:一是从真实教育情境出发,区别于实验室环境。二是以理论的发展完善与实践的优化改革为双重研究目的。三是更注重从干预角度进行设计实施,而不仅仅强调对假设的实践论证。四是往往通过量化与质性相结合的方法完成研究。五是设计与实施的过程强调迭代,不可能通过一次无修正研究就达到目的。六是研究者与实施者要么是教师,要么是专家学者与一线教师,二者势必是紧密关联的合作伙伴关系。七是综合考虑设计研究中各类变量对研究过程与结果的影响,重视学生的"重要变量"地位。总之,受"设计研究"复杂性影响,研究实践中获得的数据往往趋向于多元,需要采取丰富的量化、质性研究方法完成研究。

2. 文献研究法

文献研究法是指通过查阅、分析和总结已有的文献资料进行科学研究的方法,是一种间接的研究方法,主要依赖于已有的文献资料,而不直接进行实地调查或实验,研究中需要先确定研究主题和目标,再搜集文献资料,筛选和评估文献,并根据需要详细阅读选定的文献,做出详细的笔记,记录重要的观点、数据和结论,最后总结信息加以分析,得出结论辅以研究。本书基于文献研究法对现阶段国内外关于"深度学习""大学英语""混合式教学"等相关的文献资料进行搜集、整理与分析,旨在梳理国内外相关研究的成效与不足,为本次研究提供创新思路的同时,弥补相应的研究不足。

3. 案例实践法

案例实践法是一种质性研究方法,通过深入分析一个或多个案例来探讨特定现象、问题或过程,该方法广泛应用于社会科学、管理学、教育学、医学等领域,旨在通过对具体实例的详细研究,揭示一般性原则或理论,突出特点有深入性、情境性、多样性及复杂性等,基于此展开研究需要先确定或选择案例,然后设计研究方案,再收集与分析数据,最后获得结果,尽管存在一定的局限性,但在情境理解和理论生成方面具有独特的优势,是探索复杂社会现象和问题的有效工具。本书应用的案例实践法主要以实施者自主设计并组织实施的实践活动为具体案例展开研究分析。

4. 观察记录法

观察记录法是一种广泛应用于社会科学、教育学和心理学研究中的数据收集方法,通过直接观察研究对象的行为、活动和互动,研究者可以获得第一手的、真实可靠的数据。这种方法因直观性和真实性而备受欢迎,尤其在需要深入了解复杂行为模式和社会互动时,更是不可或缺的工具。而教育领域的相关研究中,观察记录法多被应用于课堂观察,以研究教师教学和学生学习的互动过程。本书应用此方法旨在观察记录教师采取混合式教学展开大学英语教学过程中学生的深度学习效果,以期为后续的效果评价提供更多的资料支持。

第 二 章

深度学习视域下大学英语混合式教学的理论探索

一、大学英语课程的性质

(一)大学英语的概念界定

1. 大学英语的基本概念

大学英语是指在大学阶段开设的英语语言学习课程,《大学英语教学指南(2020版)》明确了大学英语的课程定位,即大多数非英语专业学生在本科教育阶段必修的公共基础课程。"大学英语"是由"大学"和"英语"两个关键词语组成的。与小学、中学相对而言,大学是培养高层次人才的重要阵地,拥有良好的教学和研究条件,这也就决定了大学英语的学科定位。大学英语是以非英语专业本科生为教学对象的公共课程。大学英语旨在培养学生的英语语言能力和跨文化交际能力,是大学教育的重要组成部分。大学英语旨在提高学生的英语水平,帮助他们在学业、职业和生活中更好地运用英语来交流。

北京外国语大学文秋芳教授在第七届全国高等学校外语教育改革与发展高端论坛上指出,大学英语的教学目标是(培养)提升学生的英语应用能力,培养中华文化传播能力,增强跨文化意识和交际能力,同时发展自主学习能力,提高综合素养,培养人文精神和思辨能力,使学生在学习、生活和未来工作中能够恰当有效地使用英语,满足国家、社会、学校和个人发展的需要。第一,大学英语的教学目标是培养学生的英语语言基本功。这包括对英语语法、词汇、语音以及语用等方面的系统学习,使学生能够熟练掌握英语的听、说、读、写的基本技能。第二,大学英语的教学目标是培养学生的中华文化传播能力和跨文化交际能力。在全球化背景下,学生需要具备较强的跨文化交流能力,能够流畅地与其他国家人员进行交流、沟通与合作。因此,大学英语教学应该增强学生对英语国家文化、中华文化和其他非英语国家文化的理解,同时也要培养学生对不同文化差异的尊重意识,使他们能够有效地处理跨文化交际中出现的各类问题,促进跨文化交流的顺利进行。第三,大学英语的教学目标是培养学生的批判性思维。英语学习不仅仅是语言技能的学习,也是对英语文化背景、历史、思想等方面的学习。通过学习英语,学生可以加深对自己民族文化的认识,批判性地看待与理解他国文化的差异,从不同文化中汲取养分,从而形成批判性思维。第四,大学英语的教学目标是提升学生的职业竞争力。英语作为国际通用语言,在诸多领域具有广泛的应用。通过大学英语的学习,学生可以提高其英语技能,使他们更具备国际化的竞争力,在就业市场上更具优势。

总的来说,大学英语作为一门重要的基础课程,对学生的综合素质提升、职业发展具有重要意义。大学英语的学习不仅是为了帮助学生提升英语水平,更是学生适应多元文化社会的关键途径。

2. 大学英语课程的内涵

(1)大学英语课程的内容。大学英语是多数大学生的必修课。前文已经简要提及,本章节将详细论述大学英语课程的内容。

大学英语课程通常根据学生的熟练程度分为不同的级别——初级、中级和高级。在每个级别中,学生都必须完成一定数量的学习任务,通常每学期约36学时。该课程是由经验丰富的英语教师授课,他们专注于通过各种教学方法培养学生的语言技能,如讲座、小组讨论、角色扮演和语言游戏等。

大学英语课程的关键组成部分之一是语法。学生学习英语语法的基本规则,如句子结构、动词时态和主谓一致。他们还学习如何正确使用冠词、介词、连词和其他重要的词性。语法练习和测验通常用于加强学生对规则的理解。

大学英语课程的另一个重要内容是词汇学习。通过阅读和听力练习向学生讲解新的单词和短语。在此过程中,他们需要学习如何有效地使用字典来查找不熟悉的单词,以此扩大词汇量。词汇测验和测试用于评估学生在词汇学习方面的进步。

阅读理解也是大学英语课程的主要内容。学生需要阅读各种英语文本,例如短篇小说、文章和散文。他们需要深入解读英语文本的主要思想、文化内涵,学习如何根据文本中的信息进行推断并得出结论。阅读活动通常辅以讨论和写作作业,以帮助学生提高阅读技巧。

听力理解同样是大学英语课程的重要组成部分。学生可以收听各种英语录音,例如对话、讲座和新闻报道。他们学习如何从英语录音中获取所需信息。此外,他们还需要练习记笔记和总结技巧,以提高他们的听力理解能力。听力活动结束之后,通常会进行小组讨论或口头报告,以帮助学生练习口语技巧。

口语技巧是大学英语的另一个重点。学生需要参加小组讨论、角色扮演和演讲等各类活动,以培养他们的口语流利度和自信心。他们练习用英语发表意见、提问和表达想法,学习如何有效地使用礼貌语言、语调和发音。口语活动通常通过口试或演讲来评估。

总的来说,大学英语课程旨在提高学生听、说、读、写四种技能。它为学生提供基本的语言学习工具和策略,帮助他们在英语环境中进行有效交流。通过成功完成课程学习任务,学生可以获得良好的英语成绩,并掌握英语知识与技能,为日后职业发展提供有利的帮助。

(2)大学英语课程的教学方法。大学英语课程的教学方法是为了更好地培养学生的英语语言能力、跨文化交际能力,以及提高学生的综合素质,教师可以采用多种教学方法,帮助学生全面提升英语水平。以下介绍几种常见的大学英语课程教学方法。

一是以学生为中心的教学方法。这种方法强调教师要关注学生的需求和兴趣,尊重学生的个性,引导学生主动参与学习。教师可以通过讨论、小组合作、角色扮演等方式,激发学生学习英语知识的兴趣,提高学生的参与度。通过这种方法,可以增强学生的学习主动性和创造性,促进他们更好地掌握英语知识和技能。

二是项目化教学方法。这种方法强调教师将英语学习与实际项目结合起来,通过围绕特定话题或问题展开探究式学习,培养学生的独立思考和解决问题的能力。教师可以让学生参加小组项目,完成书面和口头展示,鼓励他们在实际项目中运用所学的英语知识,提高语言表达能力和逻辑思维能力。

三是任务教学引导方法。这种方法强调学生学习英语的过程是通过完成特定任务来实现的。教师可以设计一些真实的或模拟的任务,如讨论社会问题、写一篇英文新闻报道、做文化交流展示等,使学生在完成任务的过程中自然地提高英语技能。通过这种方法,学生可以更具目的性地学习,提高语言技能的应用能力和实际交际能力。

四是多媒体辅助教学方法。随着科技的不断发展,多媒体教学资源的丰富性为大学英语课程教学提供了更多可能性。教师可以利用多媒体教学资源,如音频、视频等形式,展现生动、直观的英语学习内容,吸引学生的注意力,增强他们的学习兴趣。同时,利用多媒体资源也可以对语音、听力、阅读等技能进行更细致和生动的讲解,有助于提高学生的学习效果。

五是反馈式教学方法。这种方法强调教师在教学过程中及时给予学生反馈,并根据学生的表现调整英语课程教学策略。教师可以通过评价学生的作业、口语表达、课堂参与等方式,及时发现学生在英语学习中出现的各类问题,并给予针对性的指导和建议。通过这种方法,能够及时纠正学生的错误,激励他们不断进步,提高学生的学习动力。

综上所述,大学英语课程的教学方法是多种多样的,这些方法的灵活运用可以更好地激发学生的学习兴趣,营造生动、有趣的英语学习环境,从而更好地提升大学英语课程教学质量。

(二)大学英语课程的特性

1. 大学英语课程的基本属性

(1)大学英语课程的公共性。大学英语课程作为高等教育中一门普遍设置的基础课程,具有一定的公共性。大学英语是面向所有非英语专业大学生的课程,可以说所有的专业都需要接受大学英语教育,但是在开展大学英语课程的时候,具体的要求却没有直接给出,如何进行教学也没有一个确切的标准,更没有明确的教学内容,这些弊端的存在,就使得现在的大学英语教育只是泛泛而谈,而并非一个科学的教学体系。[①] 也就是说,大学英语是除了英语专业以外的所有大学生共同拥有的课程。

此外,大学英语课程也促进了学校之间、学生之间的合作交流和互通。通过大学英语教学,学校之间可以进行英语教学资源的共享,共同提高教学

[①] 张巧:《新文科背景下大学英语课程教学改革与实践》,《湖北开放职业学院学报》2024年第9期,第174—176页。

质量和学生的英语水平。学生之间可以利用共同的英语教学资源和平台进行交流，相互学习，共同提高。这种公共性促进了学术交流和学生互相学习、互相促进。

大学英语课程的公共性体现在其课程内容的全面性和普适性上。大学英语课程内容通常包括英语听、说、读、写等能力的培养，也涵盖了跨文化交际能力的提升以及必要的英语文化知识的学习。这些内容不仅仅适用于学生的日常学习、社交、工作等方面，还能够满足学生未来职业发展和社会交往的需要。

大学英语课程的公共性还体现在教学方法上。通过前文论述可知，大学英语课程的教学方法是多样化的，例如以学生为中心的教学方法、项目化教学方法、基于任务的教学方法、多媒体辅助教学方法以及反馈式教学方法等。这些教学方法符合各个专业学生英语学习的基本要求，可以更好地激发学生的学习兴趣。

(2) 大学英语课程的工具性。大学英语课程作为高等教育的基础课程，具有显著的工具性。这种工具性体现在培养学生的语言能力和沟通技能，为他们的学术研究和职业发展提供必要的语言支持的课程主旨。

第一，大学英语课程是一种交际工具。随着全球化进程的推进，英语已成为国际最重要的交际工具。无论是在学术研究，还是国际商务、跨国交流等领域，良好的英语能力是至关重要的。通过大学英语课程的学习，学生可以掌握基本的英语交际技能，包括口语、听力、阅读和写作等方面。这些技能对他们未来的职业发展具有重要的帮助。

第二，大学英语课程是一种获取知识和信息的工具。英语是全球最重要的学术交流语言，大量的学术资源和研究成果都以英语为载体。通过大学英语的学习，学生可以借助英语来获取国际学术前沿的研究成果和最新知识。同时，丰富的英语网络资源也可以为学生提供更多的国际信息，提升学生的学术水平。

第三，大学英语课程是一种跨文化交际的工具。英语的学习可以帮助学生更好地了解世界的多元文化，促进各国之间的文化交流和理解。通过学习英语，学生可以感受到不同文化背景下思维方式、生活方式、价值观念等存在的差异性，这对培养学生的跨文化意识和跨文化交际能力具有重要意义，能够帮助学生更好地适应多元文化的社会背景，更好地融入国际社会。

第四,大学英语课程是一种自我提升的工具。在英语学习的过程中,学生需要不断地积累词汇、加强语法能力、提高表达能力等,而这些离不开学生的自主学习,这一过程能够帮助学生形成良好的自主学习意识、自主学习习惯,促使学生不断提升自身的综合素质。

第五,大学英语课程是一种职业发展的工具。随着经济全球化的不断发展,很多企业都需要英语人才。通过大学英语的学习,学生可以提升自己的英语能力,在日后就业中能够满足企业的招聘要求,为职业发展与晋升打下坚实的基础。

(3)大学英语课程的跨文化性。大学英语作为一门广泛普及的课程,不仅被视作一门语言工具,更是扮演着促进跨文化交流的角色。学生不仅可以学习语言知识和技能,还可以了解和体验不同文化之间的差异与共通之处。通过学习英语,学生可以了解英语国家的历史、文化、价值观念等,同时也可以了解其他非英语国家的文化传统。这样的跨文化学习有助于拓宽学生的视野,增进对不同文化之间的理解和尊重,从而促进跨文化交流和合作。在大学英语课程中,教师可以通过教授文化相关的课程内容和组织跨文化交流活动等方式,促进学生跨文化意识的培养和发展。这种跨文化性的学习不仅有助于学生提高英语水平,还可以培养学生的国际视野和跨文化沟通能力。

英语是全球重要的国际通用语言之一,承载着各种文化价值观。通过阅读英文小说、观看英文电影、搜集英文网络资源等,学生可以了解不同国家、不同民族的历史、传统、习俗、文学艺术及思维方式,从而深入理解不同文化之间的异同,培养跨文化视野。此外,在大学英语课堂上,教师常常会讲解英语国家的历史、文化、习俗等内容,并且通过多媒体教学,让学生真实感受到不同文化的差异性,增进对其他文化的了解和尊重。通过这种跨文化交际的方式,学生能够打开心胸,接纳多元文化,增强文化自信,提高跨文化沟通和交际能力。

此外,大学英语课程还可以培养学生的跨文化意识,通过对不同文化之间的对比与反思,让学生能够从不同的文化视角去理解世界。在大学英语课程教学中,教师通过引用西方经典文学、介绍西方历史、探讨西方文化现象等方式,启发学生思考自身文化与英语国家文化之间的差异和联系,以及不同文化对人们思维方式、价值观念等方面的影响。通过这种对比与反思,学生的文化视野会更加广阔,拥有较强的文化敏感度。这种跨文化意识的培养,有助于学生更好地融入国际社会,接触到更广泛的国际文化资源,为日后国际交往打下坚实的基础。

需要注意的是,从我国大学生学习英语的行为本质来看,我们接受英语教育最终不是去发展英语文化,而是在学习并吸收英语文化的基础上,发扬中华优秀传统文化。因此,大学英语教学过程中必须处理好创新(吸收英语文化)与坚守(发扬中华优秀传统文化)的关系。

(4)大学英语课程的针对性。大学英语课程是根据学生的学习目标、学习需求和学习能力,有针对性地设计和实施英语教学。在大学英语课程中,针对性是确保英语教学有效性的关键。

第一,大学英语课程的针对性体现在学生个体差异性方面。每位学生在英语学习方面的学习目标和需求都是不同的,有的学生可能更注重英语口语能力的提升,有的学生可能更希望加强英语写作能力,有的学生可能需要专业英语的学习。因此,大学英语课程需要进行针对性的教学设计和实施,才能更好地满足学生个性化学习需求,提高英语教学效果。

第二,大学英语课程的针对性体现在结合不同专业特点来开设。由于每个专业都有自己的领域特点和术语规范,大学英语课程通常会针对不同专业设置不同的课程内容和教学目标。例如,对于学习理工科的学生,英语课程会强调相关领域的专业术语和知识,以提高他们在工作和学术研究中的专业英语能力;而对于学习文科的学生,英语课程则更多地关注文学、历史、艺术等方面的内容,以满足他们对人文领域的学术需求。这种针对性地设置教学内容的方式有助于学生将所学的英语知识更好地运用到各自的专业领域中,提高专业素养和竞争力。

第三,大学英语课程针对学生不同的职业规划设置了相应的教学内容。对于有出国留学打算的学生,英语课程可能会加强学术英语的训练和跨文化交际能力的培养,为他们国外求学提供助力。对于日后从事外贸事业的学生来说,英语课程则会更注重职场英语、商务沟通等方面的训练,以提高他们的就业竞争力。此外,对于对外汉语专业的学生,英语课程还会特别强调中英文化之间的交流与沟通,以拓宽他们的文化视野。

大学英语课程不仅关注学生语言能力的培养,还致力于提升学生的专业素养和跨文化交际能力,以满足不同层次、不同专业、不同学习目标的学生需求。① 因此,学校在设计和实施大学英语课程时,应该更加注重学生的个性化需求,以提高教学效果和学生满意度。同时,学生也应该主动提出自己的需求和期望,积极参与课程教学活动,以促使大学英语课程更加贴近学生的实际需求。

(5)大学英语课程的实用性。随着全球化进程的加快和国际交流的频繁,英语作为一种全球通用语言,其重要性不言而喻。大学英语课程的实用性体现在多个方面,包括学术、职业、文化和个人发展等方面。

第一,大学英语课程的实用性体现在学术领域。在当今国际学术界,部分学术交流以英语为主要语言,尤其是在科学领域。学习英语可以帮助学生更好地阅读和理解各种学术文献,与国际学术界保持沟通和交流,甚至参与国际合作项目。通过英语学习,学生可以拓宽学术视野,接触到来自不同国家和地区的学术成果,为自己的学术研究提供更充足的参考与借鉴。

第二,大学英语课程的实用性在于促进学生未来职业发展。在当前的职场竞争中,具备良好的英语能力已经成为许多职位的基本要求。无论是应聘国际公司职位、参与国际商务谈判,还是进行国际学术交流,良好的英语能力都是加分项。通过大学英语课程的学习,学生不仅可以提高自己的英语水平,还可以培养自信心、沟通能力和跨文化交际能力,为未来职业发展打下坚实的基础。

第三,大学英语课程的实用性体现在促进学生文化交流、开阔全球视野。英语是连接全球不同文化的桥梁,学习英语可以让学生更好地了解西方文化,更好地融入国际化的文化环境中,并且与来自不同文化背景的人进行交流和合作。通过了解他人的文化、价值观和社会习俗,学生可以培养自己的跨文化交际能力,提升其文化素养,从而更好地适应多元化的社会环境。

(6)大学英语课程的人文性。大学英语课程作为一门重要的普通教育课程,在培养学生的外语能力的同时,具有显著的人文性特征。

第一,英语作为一种国际语言,广泛应用于世界各个领域。因此,大学英语课程在传授语言知识的同时,也注重介绍英语国家的文化、历史、文学

---

① 薛媛媛:《基于深度学习理论的大学英语阅读课堂设计》,《海外英语》2024 年第 7 期,第 152—154 页。

和思维方式。在课程中,学生不仅学习语法、词汇和表达技巧,还会接触到英语国家的文化、历史、社会习俗和价值观。通过学习这些内容,学生可以更深入地了解和欣赏不同文化,增进跨文化交际能力,提高文化敏感度和全球化视野。学生将从课程中获得丰富的文化信息,更加尊重和理解不同的文化,为未来的国际交往奠定良好的基础。

第二,大学英语课程重视培养学生的文学素养。大学英语课程通常包含英美文学经典作品的阅读和赏析,这有助于培养学生的文学鉴赏能力。通过解读文学作品,不仅可以提高学生的语言技能,还有助于开阔他们的文学视野,培养他们的审美情趣和批判性思维。学生从文学作品中可以感悟到丰富的人生哲理,了解作家对世界的思考和见解,在潜移默化中形成独特的审美情趣和人文情怀。大学英语课程也关注价值观培养。通过讨论文学作品和文化现象中的伦理、道德及社会问题,英语课程引导学生思考和反思,从而形成自己的人生观和价值观。课程中也会引导学生探索自身的文化认同和社会责任,增强学生的公民意识和社会责任感,培养学生的品格和道德素养。

第三,大学英语课程有助于学生培养人文素养。英语课程鼓励学生进行自主学习、创新思维和团队合作,这些都是现代社会所需要的综合素质。学生在课程中不仅掌握了语言知识,更重要的是获得了丰富的人文知识和综合素养,使他们成为具有开阔视野和高素质的人才。大学英语课程在人文学科的框架下,不仅提升了学生的语言技能,还通过文化、文学和思维方式的教育,增强了他们的人文素养和社会责任感。这样的人文性教育,对学生的未来发展具有重要意义。

2. 大学英语课程的价值

大学英语课程作为大学教育中的重要组成部分,具有重要的教育价值和社会价值。以下是关于大学英语课程价值的详细探讨。

大学英语课程的教育价值体现在以下几个方面:①提高学生的语言沟通能力。大学英语课程通过学习语法、词汇、听说读写等技能,帮助学生提高英语水平,从而提高学生的语言沟通能力。良好的语言沟通能力是学生在工作、生活中获得成功的重要基础,能够帮助学生更好地表达自己、理解他人。②培养学生的综合思维能力。大学英语课程不仅注重语言技能的培养,还注重培养学生的综合思维能力。通过阅读、写作、讨论等方式,培养他们的批判性思维、分析能力和创造力,使他们具备综合解决问题的能力。③培养学生的跨文化交流能力。学习英语不仅仅是学习一门语言,更是学习一种文化。大学英语课程帮助学生了解英语国家的文化、习俗,培养学生的跨文化交流能力,提高他们在跨文化环境中的适应能力和交流能力。

大学英语课程的社会价值体现在以下几个方面:①推动国际交流与合作。英语是国际通用语言,在全球化的今天,学生掌握良好的英语能力可以促进国际间的交流与合作,为国家的发展做出贡献。②提升国家软实力。一个国家的软实力体现在许多方面,其中语言文化是一个重要组成部分。通过大学英语课程的学习,学生能够更好地传播国家文化,提升国家在国际上的声誉和地位。③培养国际化人才。大学英语课程为学生提供了接触国际学术研究、跨国企业等的机会,培养了学生的国际视野和国际化素养,增强了学生在国际上的竞争力。

由上述可得,大学英语课程的价值不仅在于提高学生的语言沟通能力、综合思维能力和跨文化交流能力,还在于推动国际交流与合作,提升国家软实力,培养国际化人才,对学生的综合发展和社会进步都具有重要意义。因此,大学英语课程应该被重视和认真对待,为学生的未来发展和国家的进步做出贡献。

二、大学英语混合式教学的内涵及特征

(一)大学英语混合式教学的基本内涵

大学英语混合式教学是一种创新的教育模式,旨在将传统课堂教学和在线学习的优点结合起来,以达到更高效的教学效果和更灵活的学习体验。这种模式不仅利用了面对面教学的互动性和即时反馈,还充分发挥了在线学习的灵活性和资源丰富的优势。

在混合式教学模式中,传统课堂教学部分仍然是核心。传统课堂教学通过面对面的互动和丰富的课堂活动,为学生提供了宝贵的学习体验,促进了知识的深入理解和应用。与此同时,在线学习部分通过互联网和信息技术,为学生提供了丰富的学习资源和灵活的学习时间安排。在在线学习平台上,学生可以访问视频讲座、音频材料、电子书籍和其他多媒体资源,自主安排学习进度和时间。这种灵活性不仅适应了不同学生的个性化学习需

求,还使学习不再受限于特定的时间和地点。

混合式教学强调的是线上与线下教学的有机结合,而不是简单的相加,在这种模式下,教师需要精心设计教学内容和活动,将课堂教学与在线学习有机融合。[①] 例如,教师可以在课堂上进行理论讲解和互动讨论,然后布置在线作业和测验,学生可以利用在线平台进行自主学习和练习,并在下次课堂上进行讨论和反馈。通过这种方式,学生能够在课前预习、课中互动、课后复习,形成一个完整的学习闭环。

此外,混合式教学模式还注重评估和反馈的多样化和及时性。在线学习平台提供了丰富的评估工具,如在线测验、作业提交和论坛讨论等,教师可以通过这些工具实时掌握学生的学习进度,并提供个性化的反馈和指导。

(二)大学英语混合式教学的主要特征

1. 多元化的教学模式

多元化的教学模式将传统课堂教学与在线学习相结合,同时融合了同步与异步学习,以及多种教学方法。这种模式为学生提供了丰富的学习体验,不仅强调师生面对面的互动和实践活动,还允许学生根据个人时间和节奏进行自主学习。通过多种教学方法的运用,学生的学习方式更加多样化,他们的综合能力和素质得到有效提升。这种多元化的教学模式激发了学生的学习兴趣和动力,为他们的学习和发展提供了更加广阔的空间和可能性。

(1)传统与在线结合。传统与在线结合是大学英语混合式教学模式的重要特征之一。在这种模式下,传统的课堂教学和在线学习相辅相成,发挥各自的优势,形成了优势互补的局面。传统的课堂教学注重师生面对面的互动和实践性的教学活动。而在线学习则为学生提供了更多的学习资源和自主学习的机会,学生可以根据自己的学习节奏和需求,通过在线平台进行学习和复习。通过将传统教学和在线学习相结合,学生既能在课堂上得到老师的指导和支持,又能在课后通过在线平台进行更加深入和个性化的学习。这种结合不仅提高了学生的学习效率和质量,也丰富了教学内容和方法,为学生的学习提供了更加全面和多样化的支持。

---

① 孙婷婷、李沐忻:《线上线下混合教学模式下大学生英语学习特点研究——以理工类大学为例》,《高教学刊》2024 年第 19 期,第 120—125 页。

(2)同步与异步结合。在同步与异步相结合的模式下,同步学习和异步学习相互配合,满足了学生不同的学习需求和时间安排。

同步学习通过实时进行的学习活动,如直播课程和在线讨论,为学生提供了与老师和同学互动的机会。这种形式下,学生可以在课堂上即时提问、讨论和交流,促进了思想碰撞和学习氛围的建立。而异步学习则强调学生自主进行的学习活动,如观看录播课程和完成在线作业。学生可以根据自己的节奏和时间安排,通过在线平台进行学习,不受时间和空间的限制。这种自主学习的方式使得学生能够更加深入地理解知识,提高学习的效率和质量。将同步学习和异步学习结合起来,不仅满足了学生的个性化学习需求,还提高了学生学习的灵活性和适应性。学生可以根据自己的学习习惯和时间安排选择合适的学习方式,提高了学习的效果和满意度。这种灵活性和多样性的学习模式,为学生提供了更加丰富和全面的学习体验。

(3)采用多种教学方法。大学英语混合式教学采用多种教学方法,使得学生在学习过程中能够全面发展自己的能力和素质。多样性的教学方法不仅丰富了教学内容,也提高了学习的趣味性和实效性。这些教学方法包括传统的讲授、讨论、案例分析以及项目学习等,每种方法都有其独特的特点和适用场景。

讲授作为传统的教学方法之一,通过系统地介绍知识,帮助学生建立起扎实的知识框架。在大学英语混合式教学中,讲授可以作为引入知识的方式,为学生提供理论基础和学科知识。

讨论是培养学生批判性思维和表达能力的重要方式之一。通过小组讨论或全班讨论,学生可以就特定问题展开思考和交流,从而加深对知识的理解和应用。讨论还可以激发学生的思维,促进思想碰撞和观点交流。

案例分析是一种将理论知识与实际情境相结合的教学方法。通过分析真实案例,学生可以将所学知识用于解决实际问题,培养解决问题的能力和实践技能。

项目学习强调学生的自主学习和团队合作精神。学生在项目学习中通过合作完成任务,不仅加深了对知识的理解,还培养了团队合作、沟通协作等能力。

2. 丰富的教学资源

大学英语混合式教学中丰富的教学资源,通过与多媒体资源、在线平台和开放教育资源的结合,为学生提供了多样化和个性化的学习体验。[①] 这些资源不仅提升了教学质量,还极大地激发了学生的学习兴趣和主动性。随着科技的不断发展和教育模式的创新,大学英语混合式教学将在未来继续发挥重要作用,为学生提供更加优质和灵活的学习环境。

(1)多媒体资源。多媒体资源是大学英语混合式教学的重要组成部分,包括视频、音频、PPT、电子书等多种媒体形式。这些资源的多样化使得教学内容更加生动、直观和易于理解。

视频资源包括录制的讲座、微课、电影片段以及演讲等。这些视频不仅提供了丰富的语言素材,还可以通过视觉和听觉的双重刺激,帮助学生更好地理解和记忆所学内容。例如,讲解复杂语法结构时,教师可以通过动画视频生动地展示其用法,学生能够更加直观地掌握这些知识。

音频资源包括录音课程、广播节目、播客以及歌曲等。利用音频资源,学生可以随时随地进行听力训练和口语模仿。比如,通过收听英语新闻广播,学生不仅能提高听力水平,还能了解时事,提高英语表达能力。

PPT 在大学英语教学中被广泛应用,通过图文并茂的方式展示教学内容。教师可以在 PPT 中插入图片、表格和短视频,帮助学生更好地理解和记忆知识点。此外,PPT 的灵活性使得教师能够根据课堂需要及时调整教学内容,提高课堂互动性。

电子书为学生提供了便捷的阅读资源。相比传统的纸质书籍,电子书不仅携带方便,而且通常配有丰富的多媒体资源,如音频、视频和互动练习,有助于学生在阅读过程中进行多方位的学习。

(2)在线平台。在线平台是大学英语混合式教学中不可或缺的一部分,主要包括学习管理系统、课程网站和移动应用。这些平台为学生提供了灵活和便捷的学习方式。

学习管理系统为教师和学生提供了一个集成的教学管理平台。通过平台,教师可以发布课程资料、布置作业、进行在线测试并提供反馈。学生则可以通过平台随时访问课程资源、提交作业和参与讨论。此外,学习管理系统还具备学习进度跟踪和数据分析功能,帮助教师及时了解学生的学习情况并进行针对性的辅导。

---

① 陈茜:《人工智能时代新文科背景下大学英语混合教学研究》,《佳木斯职业学院学报》2024 年第 3 期,第 133—135 页。

课程网站和移动应用使得学生可以随时随地进行学习。这些平台通常提供了丰富的学习资源和互动功能,如在线讨论区、实时问答和学习社区等。通过课程网站,学生可以方便地获取课程资料和学习指南,并与教师和同学进行互动交流。移动应用则进一步提升了学习的便捷性,让学生可以利用碎片时间进行学习。例如,一些大学英语课程通过开发专门的移动应用,提供在线测试、语音识别和实时翻译等功能,帮助学生在日常生活中进行语言练习和巩固。

(3)开放教育资源。开放教育资源是大学英语混合式教学中的另一个重要组成部分,主要包括大型开放在线课程、开放教材和资源库等开放课程。这些资源为学生提供了广泛的学习机会和丰富的课程选择。

大型开放在线课程提供了众多高质量的大学英语课程。这些课程通常由知名大学的专家教授,通过视频讲解、在线测试和讨论等形式,帮助学生系统地学习英语。此外,大型开放在线课程平台通常提供灵活的学习进度和证书选项,使得学生可以根据自己的需求进行学习和认证。

许多大学和教育机构也提供了大量的开放教材和资源库,供学生免费使用。这些资源包括电子书、学术论文、课程讲义和多媒体资料等,极大地丰富了学生的学习资源。

3.个性化的学习体验

个性化的学习体验是大学英语混合式教学中的重要特征,通过自定进度学习、个性化辅导和学习分析,为学生提供了更加灵活、高效和有针对性的学习方式。这种个性化的学习体验不仅提升了学生的学习效果,还增强了他们的自主学习能力和自我管理能力。在未来的教育发展中,随着技术的不断进步和教育理念的创新,个性化学习体验将发挥越来越重要的作用,为学生提供更加优质和个性化的教育服务。

(1)自定进度学习。自定进度学习允许学生根据自己的时间和节奏安排学习进度。相比于传统的统一进度教学模式,自定进度学习具有两个显著优点。一是灵活性。自定进度学习使学生能够根据个人的学习能力和生活安排灵活调整学习计划。其主要体现在两个方面:一方面是时间灵活性。在传统的课堂教学中,学生必须在固定的时间参加课程,这对于有课外活动、兼职工作或其他时间安排的学生来说可能会造成一定的压力和不便。混合式教学通过在线课程和资源的提供,使学生可以自由安排学习时间,从而更好地平衡学习与生活。另一方面是地点灵活性。混合式教学打破了传统课堂的空间限制,学生可以在任何有互联网连接的地方进行学习。这种地点灵活性特别适用于远程教育和跨校区学习,使学生可以不受地理位置的限制,随时随地进行学习。例如,留学生可以通过在线课程继续他们的学业,即使他们在回国探亲或旅行期间也能跟上学习进度。地点灵活性还方便了行动不便的学生或在特定情况下需要远程学习的学生,如疫情防控期间的居家学习。二是自我管理能力。自定进度学习培养了学生的自我管理和时间管理能力。学生需要根据课程要求和个人目标制订学习计划,设定阶段性目标,并通过自我监督和评估来确保计划的实施。这不仅提高了学生的自主学习能力,也为他们未来的职业发展打下了良好的基础。

(2) 个性化辅导。个性化辅导是指根据学生的具体学习情况,提供有针对性的指导和支持。通过个性化辅导,教师能够更好地满足每位学生的学习需求,帮助他们克服学习中的困难,提高学习效果。进行个性化辅导的主要方法有:①差异化教学。每个学生在学习过程中遇到的问题和挑战不同,个性化辅导能够根据学生的具体情况进行差异化教学,并通过一对一指导和详细的反馈,帮助他们提高学习的能力。②即时反馈。个性化辅导通常伴随着及时的反馈,帮助学生迅速发现和纠正学习中的错误。这种即时反馈不仅有助于学生及时改正错误,还能增强他们的学习信心和积极性。③个性化资源推荐。根据学生的学习兴趣和需求,教师可以推荐个性化的学习资源,激发学生的学习兴趣和动机。

(3) 学习分析。学习分析是通过大数据技术,对学生的学习行为进行分析,从而提供个性化的学习建议和指导。学习分析在个性化学习体验中扮演着重要角色,主要体现在以下几个方面:①数据收集与分析。学习管理系统和在线平台可以收集学生在学习过程中产生的各种数据,如学习时间、测试成绩、作业完成情况等。这些数据经过分析处理,可以帮助教师了解学生的学习习惯和学习效果。通过分析学生在视频课程中的观看时长和频率,教师可以判断哪些内容是学生感兴趣的,哪些部分需要进一步加强。②个性化学习建议。基于学习分析结果,系统可以为学生提供个性化的学习建议和改进方案。对于学习进度较慢的学生,系统可以建议其增加学习时间或调整学习策略;对于成绩较好的学生,系统则可以推荐更具挑战性的学习内容和资源,帮助他们进一步提升。③预警机制。学习分析还可以建立预警机制,及时发现和解决学生在学习过程中可能出现的问题。系统可以自动发送预警通知教师和学生,并建议采取相应的辅导措施。这种预警机制能够有效规避学习问题的累积,确保学生始终处于良好的学习状态。

4. 互动性与协作性

互动性与协作性通过加强师生互动、生生互动以及在线测验和即时反馈,提升教学效果和学习体验。这种教学模式不仅促进了知识的传递和理解,还增强了学生的参与感和协作能力,培养了他们的综合素质。

(1)师生互动。通过在线讨论、实时答疑和邮件交流等多种形式进行师生互动,能够有效促进学生的学习积极性和教师的教学效能。

在线讨论是一种灵活且高效的师生互动形式。在在线课程平台上,教师可以创建讨论板块,鼓励学生就某一主题进行讨论。这不仅有助于学生深入思考和理解学习内容,还为他们提供了表达和分享观点的机会。

实时答疑是解决学生疑惑的重要手段。通过视频会议软件,教师可以定期安排在线答疑时间,与学生进行面对面交流。这种实时互动不仅能迅速解决学生的疑问,还能让学生感受到教师的关心和支持,增强学习动力。

邮件交流是一种便捷且私人化的互动方式,适用于需要详细解释或个别辅导的情况。学生可以通过邮件向教师咨询学习中的问题或反馈学习情况,教师则可以提供个性化的建议和指导。这种方式不仅能弥补课堂时间的不足,还能加强师生之间的沟通和理解。

(2)生生互动。生生互动是指学生之间通过各种形式的互动和协作,促进知识的共享和能力的提升。小组讨论、合作项目和线上论坛是生生互动的主要形式。

小组讨论是一种常见的生生互动方式,通过分组的形式,学生围绕某一主题进行讨论和交流。小组讨论不仅能培养学生的团队合作能力,还能促进他们的批判性思维和表达能力,提升综合素质。

合作项目是一种更深入的生生互动形式,通过共同完成一个项目,学生可以在实践中应用所学知识,并培养解决问题和合作的能力。在项目过程中,学生需要分工协作、互相支持,从而增强团队精神和责任感。

线上论坛是一种开放且持续的生生互动平台,学生可以随时在论坛上分享他们的学习心得,提问和回答问题。通过这种互动,学生可以形成学习社区,互相帮助和激励,从而共同进步。

(3)在线测验和即时反馈。通过在线测验和即时反馈,帮助学生及时发现和纠正学习中的问题,提高学习效果。

在线测验是一种快速评估学生学习情况的手段。通过学习管理系统或在线课程平台,教师可以设计各种类型的在线测验,如选择题、填空题和短答题等。学生完成测验后,系统会立即给出评分和反馈,使他们能够迅速了解自己对学习内容的掌握情况和存在的问题。

即时反馈是指在教学过程中,教师能够迅速对学生的学习表现提供反馈,帮助他们及时调整和改进。在在线课堂上,教师可以利用互动工具实时了解学生的学习情况,并根据反馈调整教学内容和节奏。这种实时互动不仅能提高教学的针对性和有效性,还能增强学生的参与感,增强他们的学习兴趣和动力,从而促进更深层次地理解和应用知识。

5. 持续的评估与反馈

在大学英语混合式教学中,持续的评估与反馈是提升教学质量和学习效果的重要手段,通过多元化评估方式、过程性评估、终结性评估以及学习反思与改进,教师能够全面了解学生的学习情况,及时提供指导,帮助学生不断进步。[1]

(1) 多元化评估方式。多元化评估方式通过多种途径全面评估学生的学习状况和能力,包括在线测验、作业提交、课堂参与和项目报告等。在线测验通过课程平台或学习管理系统,快速检测学生对知识点的掌握情况,提供即时评分和反馈。作业提交评估学生在课堂外的学习理解和应用情况,教师可以提供详细的反馈和指导。课堂参与评估学生在课堂上的表现,如讨论、回答问题和课堂练习,反映学生的学习积极性和参与度,培养学生的表达能力和团队合作精神。项目报告通过独立或团队项目,综合评估学生的调研、分析、写作和展示等能力,全面反映学生的学习成果和实践能力。

(2) 过程性评估。过程性评估是指在学习过程中对学生的学习进度和表现进行持续监控和评估,通过及时反馈和调整,帮助学生不断改进和提升。过程性评估具有连续性和动态性,能够及时发现和解决学生学习中的问题。

学习进度监控是指通过学习管理系统或在线平台,教师可以实时监控

---

[1] 岳宝华:《线上线下混合教学模式下大学英语多元评价体系建设策略》,《佳木斯职业学院学报》2024年第2期,第141—143页。

学生的学习进度,通过这些数据,教师可以了解每个学生的学习状态,并及时发现学习进度较慢或存在问题的学生。

(3)终结性评估。终结性评估是对学生在一个学习阶段的整体学习效果进行评估,主要包括期末考试和综合测评等。终结性评估通常是对学生知识和技能掌握情况的全面检验,具有总结和评价的功能。

期末考试是最常见的终结性评估方式,通过一套综合性的试题,全面考查学生在整个学习阶段的知识和技能掌握情况。期末考试通常包括选择题、填空题、短答题和作文等多种题型,能够全面反映学生的语言能力和应用能力。

综合测评是一种更为全面和系统的终结性评估方式,通过多种评估手段和标准,对学生的学习效果进行全面评价。综合测评通常包括学术表现、项目完成情况、课堂参与和个人发展等多方面的内容,能够全面反映学生的学习成果和综合素质。

(4)学习反思与改进。学习反思与改进是评估体系的重要环节,通过对评估结果进行反思和总结,学生能够不断改进学习方法和策略,提升学习效果和能力。

在过程性评估和终结性评估之后,教师和学生需要对评估结果进行详细分析,了解学习中的优点和不足。通过对学习过程和评估结果的反思,学生可以发现自己在学习方法和策略上的问题,并进行改进。根据评估结果和反思总结,学生需要制定具体的改进计划,明确改进目标和措施。教师可以提供指导和支持,帮助学生制定合理的改进计划,并监督和评估其实施效果。学习反思与改进是一个持续的过程,通过不断的评估、反思和改进,学生可以逐步提升自己的学习效果和能力。而教师需要持续关注学生的学习进展,提供必要的支持和指导,帮助他们不断优化学习方法和策略。

6. 技术驱动的教学创新

技术驱动的教学创新是现代教育发展的重要方向之一,尤其在大学英语混合式教学中,通过应用信息技术、创新教学工具以及整合平台与工具,可以显著提升教学效果,丰富教学手段,并为学生提供一站式的学习体验。这些技术的应用不仅改变了传统的教学模式,也为教育的个性化、互动性和高效性提供了新的可能。

(1)利用信息技术。信息技术的应用在提升教学效果方面发挥了重要作用。大数据和人工智能是其中的两大核心技术,通过分析和处理大量的数据,提供个性化的教学服务和精准的学习建议。

大数据技术在教育中的应用主要体现在对学生学习行为的分析和预测上。通过收集和分析学生的学习数据,教师可以全面了解学生的学习状态和进展。此外,大数据还可以帮助教师优化教学内容和方法,根据学生的学习反馈和需求,调整教学策略,提升教学效果。

人工智能技术在教育中的应用主要体现在智能辅导系统和个性化学习推荐上。智能辅导系统通过自然语言处理和机器学习技术,能够自动回答学生的问题,提供学习建议和辅导。个性化学习推荐系统则通过分析学生的学习数据和行为,推荐适合的学习资源和路径。

(2)创新教学工具。创新教学工具的应用为教学手段的丰富和多样化提供了可能。虚拟现实和增强现实是其中的代表性技术,通过创建沉浸式和互动性强的学习环境,提升学生的学习体验和效果。

虚拟现实技术通过创建三维虚拟环境,让学生能够沉浸在特定的学习情境中,进行互动和体验。在英语课程中,教师可以利用虚拟现实技术创建虚拟的英语场景,让学生在虚拟环境中进行语言实践和文化体验。学生可以通过虚拟现实设备,沉浸在虚拟的英语街道、餐馆、学校等场景中,与虚拟人物进行对话和交流,提升语言应用能力和跨文化交际能力。此外,虚拟现实技术还可以用于模拟真实的语言考试环境,帮助学生提前适应考试氛围,提高考试表现。

增强现实技术通过将虚拟信息和现实环境相结合,为学生提供增强的学习体验和互动。例如,在英语词汇学习中,教师可以利用增强现实技术,将单词的图片、发音和解释叠加在现实物体上,帮助学生直观地理解和记忆单词。

7. 适应多样化需求

混合式教学能够更好地满足学生的个性化学习需求,并保持教育的前沿性与创新性。这种适应性不仅提升了学生的学习效果和体验,也为教育模式的不断优化和创新提供了基础。

(1)适应多样化需求。通过提供多语言支持、个性化学习路径和多样化的学习支持,满足不同背景和需求的学生,并提供多样化的学习支持和资源。其主要体现在:①文化与语言的多样性。大学英语混合式教学面对的是来自不同文化和语言背景的学生。为了更好地服务这些学生,混合式教学可以提供多语言支持和文化适应性资源。②不同学习风格和需求。学生的学习风格和需求各不相同,有些学生偏好视觉学习,有些则更适合听觉或动觉学习。混合式教学可以通过多种媒体形式和互动方式,满足不同学生的学习风格和需求。③学习支持与辅导。为了适应不同背景和需求的学生,混合式教学还可以提供多样化的学习支持与辅导。

(2)快速适应变化。快速适应技术和社会的变化能够保持教学内容和模式的前沿性和创新性,提升教育的整体水平和质量。其主要体现在:①技术变化的适应。随着技术的不断进步和发展,教育也需要不断适应和应用新技术。混合式教学通过整合新技术,提升教学效果和体验。②社会变化的适应。社会的快速变化也对教育提出了新的要求,混合式教学需要快速适应这些变化,提供适应社会需求的教育内容和模式。③教学内容的更新。混合式教学的灵活性还体现在教学内容的快速更新和调整上。传统教学模式下,教学内容的更新可能需要较长的时间和复杂的过程,而混合式教学通过在线平台和数字资源,可以更快速地更新和调整教学内容。

8.文化与语言的融合

通过提升学生的跨文化交际能力、提供丰富的语言实践机会和多语言支持,混合式教学不仅促进了语言学习,还增强了学生的全球视野和跨文化理解能力。这种融合不仅对学生的学术发展有积极影响,还为他们未来的职业生涯和国际交往提供宝贵的经验。

(1)跨文化交际能力。在现代社会和全球化背景下跨文化交际能力是大学生必备的重要素质。大学英语混合式教学通过引入多元文化内容、开展跨文化交流活动和文化体验活动,帮助学生提升这一能力。①多元文化内容的引入。在混合式教学中,教师可以通过多种方式将多元文化内容融入课程中。此外,教师可以邀请来自不同文化背景的客座讲师,进行在线讲座或视频分享,介绍他们的文化和经验。这些多元文化内容不仅丰富了课程内容,还增强了学生的跨文化理解力和跨文化敏感度。②跨文化交流活动的开展。跨文化交流活动是提升学生跨文化交际能力的重要途径。通过在线平台,教师可以组织和促进跨文化交流活动,如虚拟文化交流项目、国际讨论小组和跨文化合作项目。③文化体验活动的开展。混合式教学还可以通过文化体验活动,增强学生的跨文化交际能力。例如,教师可以组织虚拟文化体验活动,如在线参观博物馆、观看文化节庆活动视频或参与跨文化模拟活动。学生可以通过这些活动,直观地感受和体验不同文化的独特魅力和风俗习惯,增强他们的跨文化理解和共情能力。

(2)语言实践机会。混合式教学通过在线口语练习和语言伙伴计划,为学生提供多样化的语言实践机会。①在线口语练习是语言学习的重要环节,混合式教学通过在线口语练习,为学生提供更多的练习机会和反馈。例如,教师可以利用语言学习平台和应用,组织学生进行在线口语练习和口语测试。学生可以通过这些平台,与虚拟语音助手或在线语言导师进行对话和练习,获得即时的语音反馈和纠正。②语言伙伴计划是混合式教学中提升学生语言能力的有效方式。通过语言伙伴计划,学生可以与母语为英语的伙伴进行一对一的语言交流和学习。

(3)多语言支持。对于非英语母语学生,提供多语言支持是混合式教学的重要组成部分。通过多语言支持,混合式教学可以帮助这些学生更好地适应英语学习环境,提升他们的学习效果和语言能力。①混合式教学通过提供多语言学习资源,帮助非英语母语学生更好地理解和掌握英语课程内容。例如,教师可以提供双语的学习材料和辅导视频,让学生在学习英语的同时,通过母语的帮助,更好地理解和掌握课程内容。此外,教师还可以推荐和提供多语言的在线学习资源和工具,如双语词典、翻译应用和多语言学习网站,帮助学生更好地进行自主学习和练习。②为了更好地支持母语非英语的学生,混合式教学可以提供多语言的学习支持服务。例如,学校可以设立多语言的学习辅导中心和在线答疑平台,提供多语言的学习辅导和答疑服务。学生可以通过这些平台,获得母语导师的辅导和帮助,解决学习中的疑问和困难。此外,学校还可以组织和提供多语言的学习指导和心理支持服务,帮助学生应对学习压力和挑战,提升他们的学习效果和心理健康水平。③混合式教学还可以通过提供文化适应性支持,帮助非英语母语学生更好地适应和融入英语学习环境和文化。例如,教师可以组织和安排文化适应性活动和工作坊,帮助学生了解和适应英语学习环境和文化规范。这些活动和工作坊包括文化差异的介绍和讨论、学习技巧和策略的分享、跨文化交流和合作的实践等,帮助学生更好地适应和融入新的学习环境。此外,学校可以提供文化适应性资源和指导,如文化适应性手册和在线资源,帮助学生了解和应对文化差异和挑战,提升他们的文化适应能力和学习效果。

三、深度学习的理论框架

(一)深度学习的内涵

关于深度学习(Deep Learning,DL)概念研究主要集中于机器学习(人工智能研究)和教育两个主要领域。本书所特指的"深度学习",是以教育领域的"深度学习"为基点,对"深度学习"有关概念的内涵、本质和特征进行系统化的阐述和分析。为更为系统全面地对"深度学习"的内涵进行深入分析,就需要结合该概念在教育领域的形成、发展和转变的整体过程进行整体式的溯源分析。

教育领域关于"深度学习"的概念,最早是相对于浅层次的低效能学习所提出的概念,为此"深度学习"概念自诞生起,则象征着学习这一行为的深层次和高效化。1976年,瑞典哥德堡大学学者弗伦斯·马顿(Ference Marton)和罗杰·萨尔乔(Roger Saljo)开始注意到大学生群体在学习和阅读过程中,会因其个体学习方法和学习过程的差异性,从而导致该群体在学习效果领域(包括记忆、理解等)呈现显著的差异性。结合这一现象,两位学者在借鉴人工智能学习理论领域"深度学习"有关概念的基础上,首次提出"深度学习"的概念。其将深度学习概念界定为:"主动的、寻求联系与理解、寻找模型与证据的包含高水平认知的学习方式。"[1]两位学者为教育领域"深度学习"概念的内涵"绘制"了基本雏形,但二者对"深度学习"的内涵界定仍存在一定的局限性,其将深度学习看作知识迁移的过程,旨在注重学习者主观能动性的充分发挥,而未涉及深度学习策略、条件、价值等多元领域的深入研究,但不可否认,"深度学习"概念的提出为国内外教育质量的提升和教学策略的发展提供了坚实的理论支撑和理论引导。

"深度学习"概念自被弗伦斯·马顿和罗杰·萨尔乔提出以来,便得到国内外学者的重点关注,深度学习一度成为提升教学质量、改进教学策略的有力抓手。"深度学习"这一概念开始被广泛运用到各国的教学实践创新领域,随着"深度学习"教学实践的丰富,国内外学者对"深度学习"的内涵产生

---

[1] Marton F, Saljo R: "On qualitative differences in learning: I-Outcome and process", *British Journal of Educational Psychology*, 1976, 46(1), pp.4—11.

了更宽幅度、更深层次和更多领域的认知。

国内外学者对"深度学习"内涵有关的文献研究成果进行整合和分析后发现,国内外研究者从不同角度出发,对"深度学习"概念的内涵进行界定和解释,此类角度主要分为四个方面,即学习方式、学习过程、学习结果和学习目标。基于此,本书将重点从这四个方面出发,阐述国内外学者相关文献研究成果和研究动态。

1. 学习方式:主动进行高水平认知

1997 年,薇薇安·比蒂(Vivien Beattie)等学者率先指出"理解"在深度学习过程中的关键作用,其认为"理解"是学生开展深度学习的最终旨归,并从两个方面阐述了"理解"的特征要义。[①] 一方面,"理解"体现在学生对所学内容的辩证性理解领域;另一方面,"理解"体现在学习资料的相互联系。

2001 年,美国学者诺埃尔·恩特威斯尔(Noel Entwistle)开始以"理解"为核心要素,对深度学习内涵进行拓展。[②] 恩特威斯尔通过对大量大学生学习过程数据进行搜集和调研,指出深度学习的内涵为"大学生一种以理解意义为核心目的的主动学习方式,理解过程中包含着联系观点、寻找模型和原则、使用证据和检查论证的逻辑性和正确性等几个特征"。同时,为了更加详尽地概述深层学习的内涵,该学者又通过对浅层学习方式进行阐述,以此来突出深层学习的特性,该学者将浅层学习界定为"学生以完成课程作业或者应付考试为主要目的,所开展的机械式、简单式、缺乏联系性的学习方式"。

此外,澳大利亚昆士兰大学教授凯文·沃伯顿(Kevin Warburton)也注重从"理解"的角度来剖析深度学习这一学习方式,该学者指出:"深度学习是一种从课程材料和经历中提取意义和理解的关键策略。"[③]

2. 学习过程:积极参与和高投入

本书此处所指的"积极参与",即学生在充分发挥自身主观能动性的

---

① Beattie V, Collins, B, McInnes B: "Deep and surface learning: Asimple or simplistic dichotomy", *Accounting Education*, 1997 (6), pp. 1—12.

② Entwistle N: "Promoting deep learning through teaching and assessment", *Assessment to Promote Deep Learning*, 2001, pp. 9—19.

③ Warburton K: "Deep learning and education for sustainability", *International Journal of Sustainability in Higher Education*, 2003, 4(1), pp. 44—56.

基础上,对学习过程全身心、全方位投入的具体表现。其实质既包含学生充分调动自身的精神因素参与到学习的过程中来,又需要以具体劳动实践为载体。"高投入"的概念,则是指学生对学习有较高的认知投入、情感投入和行为投入。凯文·S.弗洛伊德(Kevin S. Floyd)等学者通过研究发现,学生在学习过程中进行高投入时,会调动各种学习的策略,更加积极主动地汲取知识,从而达到深度学习的效果。康淑敏提出,深度学习强调对知识本质的理解和对学习内容的批判性利用,追求有效的学习迁移和真实问题的解决,属于以高阶思维为主要活动的高投入学习。

3. 学习结果:知识的迁移和应用

深度学习的结果是对知识的深刻理解,进而形成知识的迁移和对知识在多种不同情境之下的应用,对应的是提升学生利用习得知识解决问题的能力。何玲、黎加厚通过研究提出,深度学习是指在理解的基础上,学习者能够批判地学习新的知识与信息,使新旧知识产生连接,将它们融入原有的认知结构中,并能够将已学知识迁移到新的问题情境中,解决问题并做出决策。

4. 学习目标:培养学生多维度核心能力

威廉和弗洛拉·休利特基金会提出,深度学习是学生胜任 21 世纪工作和公民生活必须具备的能力,这些能力可以让学生灵活地掌握和理解学科知识以及应用这些知识去解决课堂和未来工作中的问题,主要包括掌握核心学科知识、批判性思维和复杂问题解决、团队协作、有效沟通、学会学习、学习毅力六个维度的基本能力。这一研究视角将知识学习深化到塑造培养学习者能力的层面,得到了很多国内外研究者的认可。

以上视角从不同层面对深度学习进行了定义和阐释,体现了研究者们对深度学习层层递进的认知过程。结合前人的研究结论、当前我国的教育情境,以及本课题内容,本书认为:深度学习是以培养学习者学习能力、态度习惯、团队协作沟通、批判思维以及解决复杂问题等的能力为目标,学习者全方位积极参与,并通过主动的、理解性和批判性的思考、联系,理解学习内容,构建自身知识体系结构,进而能够进行知识应用、知识迁移,解决不同情形下的具体问题的学习方式。

(二)深度学习的本质及特征

1. 深度学习的本质

恩特威斯尔对深度学习和浅层学习从学习目的、学习方式和学习结果三个方面进行了具体的对比:一是学习目的。学生开展浅层学习的学习目的,主要是应付课程作业或课程考试,整个过程趋向于浅层化和机械化,无法深入内容的核心,也无法对内容进行深入理解,而深度学习则是侧重于对其所学内容的理解。二是学习方式。浅层学习在学习方式中,对零散知识缺乏系统性的整合能力,仅凭借机械式的记忆来执行有关学习操作,而深度学习则注重发挥学生的主观能动性,将自身注意点同以往的知识和经验相结合。三是学习结果。浅层学习无法充分认知和理解自身学习结果的价值和意义,因此无法在此基础上对现有知识内容进行进一步拓展和延伸,也缺乏成就感和学习兴趣;而深度学习则能够使得学生充分意识到自身在整段学习过程中的作用,进而促使自己更为积极主动地参与未来课程或文章内容的理解和学习。基于恩特威斯尔的基础性研究,可以将深度学习的本质进一步阐述为:在学习方式上,浅层学习往往将知识视作互不相干的零散点,缺少思考、机械记忆。[①] 深度学习则注重知识的关联性,是学习者有意识地开展批判性学习的一种方式;在学习过程上,浅层学习中学习者对知识学习的认知度不高,投入不够。深度学习则是学习者全身心地投入整个学习过程,教学者也通过在教学内容、场景、课题设计等方面的高投入进一步提升学生参与积极性;在学习结果上,浅层学习对知识的理解停留于表面,学习者难以感受到意义和价值,压力感强。深度学习中学习者充分理解知识的意义价值,能够进行迁移和应用,获得感强;在学习目标上,浅层学习的学习者目标单一,为学而学,自身能力提升不明显、不系统。深度学习中学习者的态度、习惯、观念、行为方式等则可以得到多方面提升。

综合以上对比分析可以发现,深度学习的本质是深度思维。具体体现为激发学习者的内在动力,引导学生主动思考、积极参与,在认知学习方面进行高投入,学习过程中对知识进行理解、联系,进而对知识掌握、应用、

---

① Entwistle N, Ramsden P: *Understanding student learning* (*Routledge Revivals*), Routledge, 2015.

迁移。

2. 深度学习的特征

学习活动涉及学生和教师两个主体,深度学习的特征主要体现在学生的学习活动和教师的教学活动两个维度。

(1)从学生学习角度看深度学习特征。

一是参与性。学者郭华认为,深度学习是学生知觉、思维、情感、意志和价值观的全面参与、全身心投入的活动。深度学习中,学习者全面、深入地参与学习的全过程。"全面"指学习者全程参与学习的整体过程。包括学习者明确学习的目标意义,知晓并充分运用学习工具开展有效学习,完成学习内容,对学习效果进行验证和评价。整个过程中学习者都进行切身的、实实在在的参与,没有遗漏和缺憾。"全面"还指学生的全员参与。深度学习课堂中,全体学生都参与学习过程,而不是仅仅一部分人在课堂上思考学习,大部分人旁观。虚假学习与表面热闹都是与深度学习背道而驰的。"深入"则是指学生在学习中高投入,进行深度思考。学者张浩、吴秀娟在研究中提出,注重批判理解、强调信息整合、促进知识构建等都是深度学习的特征。因此,深度学习不止体现在学习态度端正、情绪饱满,更表现在学生对学习全身心投入,调动高阶思维对知识进行思考、判断、整合,构建自身的知识网络。

二是主动性。郭华认为深度学习强调学生主动参与学习过程。实际上,从学生行为、情感、认知等方面入手进行综合考虑,才能真正达到深度学习的境界。因此,深度学习需要学生从主观意识上想学、会学,能够主动矫正提升。首先,学习者明确知道自己的学习目标,有达成学习目标、习得知识技能的强烈的主观意愿,这是产生深度学习行为的内在驱动和基础。其次,学习者知道怎么学。面对不同的学习任务和内容,学习者主动运用各种路径、技巧、方法辅助学习加深理解,他们不仅懂得这些技巧方法,还会主动进行尝试,寻找效率最高的学习路径。最后,学习者会对学习过程进行有意识的自我监控。在学习中对学习内容、学习方式方法等不断反思,及时发现学习中的偏差,及时进行矫正和补救,维持正确的学习行为。

三是迁移性。迁移分为正迁移和负迁移,深度学习中的迁移是指学习者在知识和能力方面的正迁移。学者祝智庭、彭红超提出为迁移而学是深度学习的理念之一。学者张浩、吴秀娟也提出,强调信息整合、促进知识构建、着意迁移应用等都属于深度学习的特征。迁移一方面是知识内容的迁移,主要指学习者将所学的知识应用到新的情境之中,解决新的问题。深度学习即能够达成知识迁移解决问题的一种学习。另一方面,迁移是指学习者能力的迁移。深度学习中,学习者将习得的学习路径、方法、技巧等用于后续不同内容的学习之中,这是学习能力的迁移。学习过程又会塑造学习者沟通交流、团结协作以及各种相应的专业能力等,深度学习又会将这些能力迁移到学习者之后生活学习工作的各方面,从而达到提升学习者个人能力的目的。

(2)从教学角度看深度学习特征。

一是以学生为中心。

二是以评价为手段。深度学习主张采取持续性评价,即依据深度学习目标,确定清晰的评价标准,为学生的深度学习活动持续提供清晰的反馈,帮助学生改进学习。

三是以知识迁移为目的。

(三)深度学习的教学设计

具体开展深度学习的教学设计,需要以"深度学习"的本质特征和具体内涵为基底,在借鉴国内外学者的理论研究成果的基础上,对深度学习的核心教学理念和教学内容进行系统性阐述。

1. 深度学习的核心教学理念

国内外学者对深度学习核心教学理念的研究较为分散化和碎片化。其在研究方向、研究主要内容和侧重点方面呈现较大的差异性。通过对国内外学者的研究文献进行划分,可以从"以学习者为中心""以问题为导向""以多元化教学实践为载体"三个主要部分对其进行具体阐述。

(1)以学习者为中心。基思·托马斯(Keith Thomas)认为深度教学应以学习者为中心,通过各类教学策略和教学设计,激发学生自主学习的兴趣,使其充分发挥自身的主观能动性,产生自我效能感,同时在教学过程中,需要结合学习者的学习状态进行反馈和过程性评价,以此不断调整和优化教学内容和教学策略,从而综合打造契合学习者的学习策略。① 付亦宁也指出,深度学习应聚焦发挥学生和教师的双主体性因素,注重教学方法和教学模式对学生深层学习生成的影响,关注学习结果的测量和评价。②

(2)以问题为导向。约翰·哈蒂(John Hattie)则是以解决学习者在学习过程中所遇到的问题为导向,探索解决制约学生生成深度学习的教学策略。③ 吴久宏、丁奕然、冯根水、陈汐平、汤明清等学者也是注重以制约学生生成深度学习的问题为导向,结合各类显性问题和隐性问题,针对性地提出深度学习视角下的教学策略优化路径。④⑤⑥

(3)以多元化教学实践为载体,推动学习者深度学习模式的生成。芭芭拉·米尔斯(Barbara Millis)则较为系统化地对开展深度学习的教学实践进行分析。首先,在教学内容领域,米尔斯注重教师需要深入认知教学内容的核心主题或核心要义;其次,在教师充分认知教学内容核心要义的基础上,需要充分对教学时间、教学内容、教学方式和教学策略等进行系统性设计,以此推动学生积极参与课堂的互动过程,以教学实践引导学生生成深度学习;最后,通过课程作业等多重形式,构建高质量的评价体系。米特·休伯曼(Mette Huberman)等学者则注重教学形式的多元化,侧重于通过开展小组合作学习、校外学习实践等多元形式,来刺激学生深度学习模式的生成。⑦

由此可见,国内外学者关于深度学习核心教学理念的研究主要集中于

---

① Thomas Keith: Integrating Classroom and Workplace Learning for a Knowledge-based society, La Trobe University, 2004.

② 付亦宁:《深度(层)学习:内涵、流变与展望》,《南京师大学报(社会科学版)》2021年第2期,第67—75页。

③ Hattie John: "Visible learning: A synthesis of over 800 meta-analyses relating to achievement", *International Review of Education*, 2011(1).

④ 吴久宏、丁奕然:《深度学习下的生物学课堂特质及教学策略》,《教学与管理》2020年第31期,第73—75页。

⑤ 冯根水:《指向深度学习的思政课教学策略》,《中学政治教学参考》2022年第21期,第3,36—39页。

⑥ 陈汐平、汤明清:《深度学习视角下课堂互动的困境、价值与路径》,《中国职业技术教育》2023年第2期,第64—70页。

⑦ Huberman M, Bitter C, Anthony J, et al: The Shape of Deeper Learning: Strategies, Structures, and Cultures in Deeper Learning Network High Schools. Findings from the Study of Deeper Learning Opportunities and Outcomes: Report 1, American Institutes for Research, 2014.

"以学习者为中心""以问题为导向""以多元化教学实践为载体"三个主要特征,同时也要注意到,我国现有教学体系中,在注重以学生为中心的同时,始终高度关注教师身份的主体性,重视教与学的一体化研究。为此,本书将深度学习核心教学理念的特征概述为:以学习者和教师为中心,以学习者解决制约深度学习生成的显性和隐性问题为导向,以多元化的教学实践过程为载体。

2. 深度学习的教学设计

学生自身深度学习的生成取决于内外部两个方面的因素。在内部因素领域,学习自身所具有的相关特征;而在外部因素领域,开展深度学习有关的教学设计。约翰·比格斯(John Biggs)在《卓越的大学教学:建构教与学的一致性》中指出,教师难以对学生自身的内部因素加以控制,但可以通过优化教学设计,避免学生生成浅层学习模式,为学生生成深层学习创造条件,以此来提高学生整体生成深层学习的总体效率。① 约翰·比格斯关于深层学习教学设计的论述,奠定了在深层学习视角下探索教学设计的优化策略的理论基础。在深度学习概念提出以来,也不乏学者对深层学习的教学设计展开研究,本书具体结合环境因素、目标因素、内容因素、形式因素和评价因素五个主要方面对其进行分类阐述。

(1)环境因素。美国学者詹妮弗·弗雷德里克斯(Jennife Fredricks)在《提高学生学习专注力的 8 个方法:打造深度学习课堂》一书中指出,师生关系作为影响学生深度学习的主要条件因素,具体表现为良好的师生关系能够有效提高学生深度学习水平,即师生关系能够显著正向预测学生的深度学习,其中学生的认知投入和自我效能感起到中介作用。② 此外,该学者还从学生批判思维的形成、社交技能等角度阐述了良好师生关系的重要价值。约翰·比格斯也指出师生互动过程中所形成的学习氛围,会对学生的学习产生影响。③ 道格拉斯·麦克雷格(Douglas McGregor)所提出的人性假设理

---

① 约翰·比格斯,凯瑟琳·唐:《卓越的大学教学:建构教与学的一致性》,王颖译,复旦大学出版社,2015 年,第 35—49 页。

② 詹妮弗·弗雷德里克斯:《提高学生学习专注力的 8 个方法:打造深度学习课堂》,宋伟译,中国青年出版社,2015 年,第 56—63 页。

③ 约翰·比格斯,凯瑟琳·唐:《卓越的大学教学:建构教与学的一致性》,王颖译,复旦大学出版社,2015 年,第 102—106 页。

论也能够展现出师生关系这一环境因素,对学生学习效果影响的重要作用。① X-Y理论投射到课堂教学中表现为,受X理论影响的教师,表现为对学生的不信任,从而对学生的学习行为产生较强的制约性,这种师生观念会导致学生无法产生深度学习。相反,受到Y理论影响的教师,更易于接纳学生的各类学习行为,能够给学生留出足够的空间,使其充分发挥自身的主观能动性,以此为学生的深度学习生成提供良好的环境因素。

(2)目标因素。综合上述研究可以发现,深度学习理论内在地包含着教与学一致性的总体要求,而发挥教与学一致性对深度学习的促进作用,就需要教师和学生群体在教与学的目标领域达到一致性。具体而言,教师既需要明确学生要达到某种既定的教学目标,又需要通过开展各类教学实践活动,通过对教学方式方法的优化和教学策略的创新,实现这一目标,但教师对教学实践的设计和教学空间环境的营造终究是条件性因素,其旨在服务学生自身主观能动性的发挥。因此在教学过程中,学生的行为对比教师的行为更为重要。② 一些学者认为构建教学目标的价值在于以教学目标的实现为核心,对各类教学内容和教学方法进行优化和设计。③ 随着国内教育学领域的深入发展,我国教育目标也发生了转变。杨玉琴指出我国教育目标已然从"双基"到"三维目标"再到现在的"核心素养"的发展变化。这体现了课程目标从关注学科内容到关注学生当下发展再到关注学生未来发展的逐步嬗变。④

(3)内容因素。学习内容也是国内外学者在教学设计领域所重点关注的因素。丹麦研究学者克努兹·伊列雷斯(Knud Illeris)在《我们如何学习:全视角学习理论》一书中指出,学习内容作为学生学习的基础,内容是学生学习关系发生的起点,缺乏内容,谈论学习过程就毫无意义。⑤ 伊列雷斯的

---

① 聂晶:《X-Y理论在高校学生管理中的应用》,《西南民族大学学报(人文社会科学版)》2005年第2期,第338—339页。

② Shuel T J: "Cognitive conceptions of learning", *Review of Educational Research*, 1986(4), pp. 411—436.

③ Macdonald W C, Macdonald J B: Adenocarcinoma of the esophagus and/or gastric cardia, Springer-Verlag, 1984, pp. 1096—1098.

④ 杨玉琴、倪娟:《深度学习:指向核心素养的教学变革》,《当代教育科学》2017年第8期,第43—47页。

⑤ 克努兹·伊列雷斯:《我们如何学习:全视角学习理论》,教育科学出版社,2014年,第12页。

研究指出了学习内容在学习过程中的突出价值性。

郭华对学习内容的本质进行了细致的研究,其首先区分了教学材料和学习内容之间的区别,认为教师需要将教学材料的抽象知识转化为有利于学生理解、有助于学生品质发展的学习内容。① 休伯曼通过大量深度学习的实证研究发现,优化深度学习的开展策略,需要开发符合深度学习需求的课程体系。扬 H. F. 迈耶(Jan H. F. Meyer)所提出的阈值理论中指出,一门学科由多个阈值概念组成。这些阈值概念即学科内容相互联系的重要内容节点,学习者通过掌握确定的阈值,才能够对自身所学内容产生深层次的了解。②

(4)形式因素。对于学习者自身而言,教学形式的优劣会直接影响其自身的学习效果。为此,教师需要根据学习者的需求,不断优化和设计教学形式,使其更好地服务于教学目标的实现。美国核心素养研究委员会认为,通过设计高效能的教学活动形式,能够提高学习者在科学、数学等综合领域的逻辑思维和分析运算能力,这种高效能的教学活动形式对学前儿童也能够呈现出显著影响,同时这种影响具有持续性,能够加深儿童对在此类教学活动形势下有关学习内容的理解记忆。为此,多元化的学习活动也是深度学习发生的重要教学要素。杨玉琴、倪娟则是从实践性角度阐释学习形式要素的重要性,在将各类学科知识转化为核心素养的过程中,教师对学科知识的传授仅起到先导性和基础性的作用,而知识最终转化为素养,则是学生在解决各类问题的实践活动中,逐步建构起来的。③ 由此可见,在掌握课堂知识的前提下,丰富知识的使用实践活动,也是推动深度学习生成的关键因素。杨南昌、刘晓艳指出,学习者的学习过程并非独立的,而是与周遭环境联系为一体,因此学习者的学习过程既要受到其自身所处的外部环境的影响,同时又要受到学习者自身在脑中对主客观环境进行加工和处理的影响。④ 为此,要构建学习者深度学习的条件性因素,需要为学习者构筑有利

---

① 郭华:《深度学习及其意义》,《中小学教育(人大复印)》2017年第3期。

② Meyer Jan H F:Threshold concepts and troublesome knowledge: linkages to ways of thinking and practising,Higher Education Academy,2003,pp.46.

③ 杨玉琴、倪娟:《深度学习:指向核心素养的教学变革》,《当代教育科学》2017年第8期,第43—47页。

④ 杨南昌、刘晓艳:《学习科学融合视域下教学设计理论创新的路径与方法》,《电化教育研究》2016年第11期,第5—11,24页。

于其生成深度学习机制的外部环境,而学习活动形式则恰恰能够发挥这一效用价值。R. 基思·索耶在《剑桥学习科学手册》中指出,教学实践中,促进学生生成深度学习机制的核心特征主要包括情景化要素、问题化要素、同伴支持要素和自身探究性要素。① 这四类要素中,情景化要素和同伴支持要素作为外部条件性要素,通过赋予教学内容以恰当的情境和同伴支持环境为载体,就能够有效地深入推进学生对各类知识的深度学习和理解。

(5)评价因素。评价因素在促进学生深度学习过程中,起到反馈学习结果和教学设计质量的作用。国内外学者对学习评价的概念界定从对学习质量的评价转变为可为学习而进行的评价,即将评价看作教学设计中的一部分,而不是独立教学设计之外的评价体系。约翰·比格斯指出对学习效果进行即时反馈,最能够直观地反映出学生的学习效果。这一评价也被称为"形成性评价"。形成性评价的目的,旨在通过反馈获取的信息,对教学设计进行优化和创新,从而提高学生的整体学习效果,促进学生深度学习的生成。约翰·哈蒂(John Hattie)认为教学反馈的过程作为双向性的互动过程,一是教师能够通过教学评价,直观认知学生的学习效果;二是教师通过对学生学习效果的分析,能够从中认知自身教学方式和教学路径等领域存在的缺陷。② 林赛·平库斯(Lyndsay Pinkus)认为深度学习注重学习者在对真实问题的主动探究中、在对问题解决过程的不断反思中逐渐形成解决问题的能力和各类知识的核心素养,在这一过程中,则需要通过发挥形成性评价的重要价值,对学习过程和结果进行评价和反馈,以此对教学设计整体过程进行有意识的优化、反思和修订,从而使得教学设计为学习者的深度学习提供更有利的条件性因素。③ 保罗·布莱克(Paul Black)等指出形成性评价的主体不局限于教师群体,还包括学生自身和学生同学的评价,这些主体的形成

---

① R. 基思·索耶:《剑桥学习科学手册》,徐晓东译,教育科学出版社,2010 年,第 689—709 页。

② Hattie J.:"The black box of tertiary assessment: An impending revolution", *Tertiary assessment & higher education student outcomes: Policy, Practice & Research*, 2009, 259, pp. 275.

③ Pinkus L M E:"Meaningful Measurement: The Role of Assessments in Improving High School Education in the Twenty-First Century", *Alliance for Excellent Education*, 2009, pp. 208.

性评价,使得学生能够从多领域、多视角获得自身学习领域的反馈。① 学生基于反馈信息,能够充分认识到自身在深度学习的过程中,应该对哪些地方或哪些领域进行优化和改进,以此对自身的学习态度、学习的主观能动性进行有机调整。约翰·比格斯指出教师在教学反馈的过程中,需要额外注重两个注意事项:一是教师在教学反馈过程中,需要维护学生的自尊心,不能因低分而嘲弄学生;二是教师在对学生的学习方法或学习实践进行指导和纠正过程中,既需要充分考虑指导行为的有效性,同时又需要始终引导学生保持积极的态度。②

(四)深度学习的评价体系

在教学过程中,评价体系作为衡量学习者学习效果的重要指标,对学习者的学习过程和学习结果具有引导和指向性作用。为此,以何为评价指标,则学习者就以发展此领域相关的素养、学习此领域相关知识为根本指向,因此促进学习者深度学习的生成,就需要为其构建与之相契合的学习评价体系。本节将借鉴约翰·D.布兰思德特(John·D. Bransford)关于深度学习评价体系的原则,来阐述深度学习评价的原则和体系的构建。③

1. 深度学习评价的原则

深度学习评价的原则具体可以概括为注重学习者高阶认知技能的评价、注重学习者个人能力的评价和评价体系对教学价值的体现三个主要方面:

(1)注重高阶认知技能的评价。正如前文所提及深度学习的核心要素:理解。理解作为高阶认知技能的主要表现之一,它要求学习者不仅能够对各类知识形成机械性记忆,同时还注重学习者对知识的理解和实践应用,即学习者自身核心素养的形成。

(2)注重学习者个人能力的评价。传统学习者的个人能力主要包括学

---

① Black P, Harrison C, Lee C, et al: "Working inside the Black Box: Assessment for Learning in the Classroom", *Phi Delta Kappan*, 2004, 86(1), pp. 8—21.

② 约翰·比格斯,凯瑟琳·唐:《卓越的大学教学:建构教与学的一致性》,王颖译,复旦大学出版社,2015年,第185—188页。

③ 约翰·D.布兰思福特,安·L.布朗,罗德尼·R.科金,等:《人是如何学习的:大脑、心理、经验及学校》,程可拉等译,华东师范大学出版社,2013年,第123—125页。

习者个人的毅力、精神集中力和解决问题的能力等。而随着教学体系的内涵式发展,国内外教学体系将个人与外部环境的交互能力逐渐作为评价的要点,而这种交互能力则具体包括个体的团队协作能力、沟通能力等。

(3)评价体系对教学价值的体现。评价体系需要以教学内容为依托,注重对教学过程中所重点关注的内容和核心概念进行考察,注重教学评价内容、教学内容和教学目标三位一体的一致性,从而正确发挥深度学习评价的指导、反馈价值,促使教师和学生创设和发展有益于学生自身深度学习的内外部因素。

2. 深度学习的评价体系的构建

深度学习评价体系的完整性构建,需要在遵循以上三个主要原则的基础上,从教学内容设计、学生和教师双主体、教学形式和普通学习评价系统多角度综合考虑。

(1)需要明确"深度学习"的有关概念,只有充分确定和认知深度学习的概念、内涵、本质和特征,才能够为构建深度学习评价体系提供坚实的理论支撑,保障评价体系的构建不会发生偏移。

(2)需要与普通学习评价体系进行对比,突出深度学习的显著特征,使其更好地为深度学习体系服务。

(3)需要结合深度学习教学体系,契合深度学习"形成性评价"概念的具体要求,开发具有即时性、阶段性、准确性的评价反馈体系,使其能够在不损害教学质量的前提下,最大限度地发挥教学评价体系的反馈功能。

(4)教学评价体系的构建需要充分考虑多元主体的需求。学生深度学习的过程受到多元主体的影响,因此在尊重学生和教师双主体因素的前提下,还需要充分考虑家长、教学指导政策对评价体系造成的有关影响。

(5)评价系统需要立足于"立德树人"这一根本任务,遵循国内教育高质量发展的总要求,将"五育"并举、核心素养等评价指标融入评价系统中。

(6)将评价放在一个有效的教学和学习系统中,将评价和课程、教学、教师专业发展连接起来。

(五)大学英语深度学习的基本内涵

通过对现有文献资料的梳理可知,深度学习的内涵主要体现在学习方式、学习过程、学习结果等方面,因此,本章也从这三个角度入手进一步分析大学英语深度学习的基本内涵。

从学习方式上来看，大学英语深度学习是学生在进行新一轮英语单元主题内容的学习时，能够运用高阶学习策略，如新旧知识整合策略、批判性反思策略、迁移运用策略等完成对知识的建构。

从学习过程上来看，大学英语深度学习是学生基于整个学习过程，主动、积极地参与英语的课前任务学习，以及课堂内外的学习活动，并且在这一过程中能够进行自我学习的反思，有意识地提高自我学习能力，将从英语中学习到的知识与技能迁移到现实生活中，借助学习到的技能来解决不同英语情境中遇到的各类难题，并且获得自我满足感。

从学习结果上来看，大学英语深度学习是学生基于自身对英语相关知识的理解来批判性地学习新知识、吸收新思想，在使用深度学习策略的过程中来解决现实问题，以此增强学生的综合应用能力，包括人际交往能力、解决问题的能力等。

第三章

深度学习视域下大学英语混合式教学的理论依据

一、建构主义理论

(一)建构主义理论概述

1. 建构主义理论的起源与演变

建构主义理论起源于20世纪初的心理学领域,后经多位学者的不断丰富与发展,逐渐形成了完整的理论体系。这一理论最初由心理学家皮亚杰提出,他认为知识具有主观建构性的特征,体现在我们每个人都可以在变化的环境中不断学习成长,让我们的认知始终处于不断地调整和重构之中,从而逐步构建自己的知识体系。随着研究的深入,建构主义理论逐渐拓展至教育领域,成为指导教学实践的重要理论之一。在教育领域,建构主义理论得到了广泛的关注与应用。众多学者和教育实践者基于这一理论不断地探索、研究和实践,从而为学校源源不断地创造出全新的教育教学的方式方法。此外,建构主义理论也明确说明了学生在教育教学的过程中要占据主人翁的位置,而不是被动地接受知识,要积极主动地参与教育教学的活动,并主动探究,通过合作与交流实现知识的共同建构。同时,建构主义理论也注重情境对学习的影响,这也使得教育教学的工作者开始尝试让学生远离虚假、被动的学习场景,以建构出真实且具体的学习环境,不断增强学生对知识的理解能力和掌握能力。

2. 建构主义理论的核心观点

建构主义理论的核心观点主要体现在以下几个方面:

(1)知识的主观建构性。建构主义理论认为,知识并非客观存在的实体,而是个体在认知过程中主动建构的结果。每个人对同一事物的学习和了解的过程都是不同的,所以每个人最终内化到自身的知识也会随着个体的差异而发生变化,比如每个人过往的经历和经验不同、价值判定的基准不同,以及不同文化母体对个人影响的差异,这些都会影响个人知识系统的建构。因此,每个人所建构的知识体系都是独特且不可复制的。这一观点强调了学习过程中的个体差异性和主观性,为个性化教学提供了理论依据。

(2)学习的主动性与互动性。建构主义理论提出教育工作者要帮助学生摆脱学习过程中被一味灌输知识的尴尬情境,要鼓励学生积极主动地参与教育教学的过程,让学生养成主动了解和学习知识、主动提出问题和困惑的习惯,从而使他们能够通过探究、实验、讨论等各种方式,不断提出问题、解决问题,最终达到逐步深化对知识的理解与掌握的目标。[①] 同时,学生之间的互动与交流也是建构主义学习中不可或缺的一环。通过合作与交流,学生可以共享资源、相互启发,共同促进知识的建构与发展。

(3)情境对学习的影响。建构主义理论还强调了情境对学习的重要影响。知识并非孤立存在的,而是相互之间存在联系,教育工作者要能够帮助学生从真实的学习情境中获得与知识的深度链接。为了实现这一目的,教育工作者需要为学生模拟真实且具象化的学习情境,帮助学生增强其在学习过程中的体验与感受,让他们在沉浸式的学习氛围中获得知识以及学习的乐趣,只有这样才能提高学生自主学习的主动意愿,从而达到教育教学的最终目的。

3.建构主义理论在当代教育领域的应用价值

建构主义理论在当代教育领域具有广泛的应用价值。它为我们提供了一种全新的教学视角和方法论指导,有助于我们更好地理解和应对当代教育面临的挑战与问题。建构主义理论不仅强调了学生的主体地位,也为学生的个人成长与发展提供了理论依据,并且强调了学生在学习过程中个人的实践能力与创造能力的重要性。此外,建构主义理论注重情境对学习的影响,有助于我们设计更具针对性和实效性的教学活动和课程方案,提高教育教学的质量。当然,建构主义理论作为教育领域颇为重要的理论学说,其

---

① 常朝霞:《建构主义视域下大学英语问题导向型教学法探究》,《山西大同大学学报(社会科学版)》2024年第2期,第116—119页。

在大学英语的教学工作中也具备极其重要的价值与作用。通过对建构主义理论的深入研究和实践应用,我们可以更好地促进学生的学习与发展,推动教育事业的进步与繁荣。同时,我们也需要不断关注和研究建构主义理论的新发展、新趋势,以适应不断变化的教育环境和教育需求。

(二)建构主义理论的必要性

在全球化与信息化交织的时代背景下,大学英语教育正面临着教学模式的深刻变革。深度学习强调对知识的深层次理解和灵活应用,而混合式教学则致力于融合传统与现代的教学手段,为学生提供更优质的学习体验。在大学英语混合式教学的发展中,建构主义理论的存在显得尤为必要,它以其深刻的见解和独特的视角,为教学模式的创新提供了不可或缺的理论支撑。

建构主义理论的核心在于突出知识的动态生成和个体的主观参与。它主张知识并非外界强加给学习者的静态存在,而是学习者在与周遭环境进行积极互动的过程中,通过个人的思考、体验和反思,逐步构建并深化对世界的理解。这一观点为教学实践提供了新的视角,即教学不再是单向的知识传递,而是师生共同参与的知识建构过程。在深度学习的实践中,建构主义理论发挥着不可或缺的作用。它强调学生不仅需要扎实掌握基础知识,更需要深入理解这些知识背后的内在逻辑和相互关联。通过建构主义理论的指导,学生能够主动参与知识的建构过程,通过自身的思考和经验,形成独特且连贯的知识体系。这一过程不仅加深了学生对知识的理解和掌握,更促进了他们思考方式的建立与发展。因此,深度学习与建构主义理论的结合,对于培养学生的综合素质和创新能力具有至关重要的意义。

在大学英语混合式教学中,深度学习要求学生能够充分利用线上线下资源,主动探索语言学习的规律和方法,提高语言综合运用能力。在大学英语混合式教学实践中,其核心理念与建构主义理论不谋而合,凸显了学生在学习中的主体地位与教师的引导作用。通过线上线下资源的完美融合,混合式教学为学生带来了更为丰富的学习材料和互动平台,让学生在教师的精心引导下,能够更为主动地参与知识建构,深化学习体验。这一结合不仅强化了学生的学习动力,也促进了深度学习的发生。除此之外,建构主义理论还注重学习环境的创设和学习活动的组织。它认为学习环境应该是一个开放、互动、支持性的系统,而学习活动应该是一种基于问题的、合作式的探究过程。大学英语混合式教学能够得以有效实施,还要归功于建构主义理论提供的坚实理论支撑与明确实践指导。

建构主义理论作为深度学习视域下大学英语混合式教学的理论依据,其意义在于为教学实践提供了科学的指导方向。一方面,它有助于教师更加深入地理解学生的学习过程和学习需求,基于这些观点,我们得以设计出更贴合学生认知规律的教学方案。另一方面,它也有助于学生更加清晰地认识到自己的学习目标和路径,提高学习的自主性和有效性。此外,建构主义理论还有助于推动大学英语教学的创新和发展。它鼓励教师打破传统的教学模式和方法,尝试新的教学手段和策略,以适应时代的发展和学生的需求。同时,它激励学生主动融入学习进程,发挥内在的创造潜力和主动性,从而促进个性化的学习成长与全面进步。建构主义理论作为深度学习视域下大学英语混合式教学的理论依据,具有举足轻重的意义和深远的价值,不仅引导教学实践,优化教学效果与质量,更驱动着大学英语教学的革新与进步,对培育具备全球视野与创新能力的杰出人才贡献显著。

(三)建构主义理论的应用价值

随着信息时代的迅猛发展,教育领域对于知识的获取与运用的方式也发生了深刻的变革。在这样的背景下,建构主义理论与深度学习的理念相互碰撞、相互融合,共同推动了教育教学实践的创新与发展。从知识自主构建的角度出发,我们探讨建构主义理论与深度学习理念的契合之处,并进一步分析其在混合式教学模式中的实践应用及其所带来的深远意义。

从建构主义理论中我们不难发现,知识的自主构建提倡学习并非单纯的知识接收与记忆,而是基于学习者的既有经验,通过积极思维与主动探索,逐步构建和完善个人的知识架构。这一观点与深度学习对知识深度理解的需求不谋而合。深度学习强调学习者不仅要掌握知识的表面含义,更要理解其背后的逻辑、原理及与其他知识的联系,形成对知识的全面、深刻的认识。由此可见,建构主义理论是深度学习的坚实基石,它指引着学习者在知识构建的过程中达到深入透彻的理解境界。

另外,从学习过程的角度来看,建构主义理论对学习主动性、互动性以及情境性的强调与混合式教学模式中的自主学习、合作学习以及实践应用等环节相互呼应。在混合式教学模式中,学习者借助线上自主学习,能充分发挥网络资源的优势,拓宽知识边界,提升自我驱动的学习能力。同时,线下的合作学习则为学习者搭建了一个与同伴交流、协作的平台,有助于培养团队协作精神和沟通技巧。

一方面,实践应用环节使学习者能在真实环境中应用所学知识,深化对知识的理解和记忆。这些环节与建构主义理论所倡导的学习主动性、互动性和情境性紧密契合,共同推动了学习者的知识构建和深度学习。另一方面,我们须着重强调建构主义理论在混合式教学的设计、实施及评价阶段所发挥的关键性指导作用。建构主义理论可以指导我们如何设置线上线下的学习任务、如何组织学习者的学习活动以及如何提供有效的学习资源。例如,基于学习者的既有经验和认知水平,我们可精心设计层次分明且富有挑战性的学习任务,以激发学习者的学习热情和内在动力。同时,我们还可以充分利用建构主义理论中的情境性原则,为学习者营造真实且生动的学习环境,促使学习者在情境中学习、在情境中思考,进而在情境中自主构建知识体系。在实施混合式教学的过程中,建构主义理论同样具有指导意义,它提醒我们要关注学习者的主体地位,尊重学习者的学习需求和学习方式。[①]教师应由传统的知识灌输者转变为学习的引导者与合作伙伴,通过提供悉心指导,激发学习者的主动性,并与其共同探索知识,构建学习的共同体,协助学习者在知识构建的过程中实现深度的学习体验,以促进其知识的内化与运用。另外,我们还需要关注学习者的学习过程和情感体验,为他们提供必要的心理支持和情感关怀。

在混合式教学评价方面,建构主义理论也为我们提供了新的视角。它强调评价应该关注学习者的知识建构过程、学习方法和学习成果等多个方面,而不仅仅是关注学习者的知识掌握情况。因此,在评价过程中,我们应采取多元化的评价方式,综合考量学习者的自我评价、同伴互评以及教师评价,全面、客观地评估学习者的学习成效。对学习者在知识建构和深度学习方面的表现进行全面、客观地评价。建构主义理论从知识建构的角度为深度学习提供了有力的理论支撑和实践指导。在混合式教学模式中,我们可以借鉴建构主义理论的理念和方法,优化教学设计、改进教学方法、完善教学评价,并通过上述综合的评价方式有效地推动学习者的知识构建与深度学习目标的实现。

---

① 张佳佳:《建构主义理论视角下大学生英语自主学习能力提升策略研究》,《校园英语》2023年第49期,第46—48页。

(四)建构主义理论的应用策略

深度学习视域下的大学英语混合式教学,必须深度融合建构主义理论的核心精髓,通过精心设计的情境、促进性的合作学习以及项目驱动的教学策略,引导学生实现知识的主动建构和深度学习的目标。以下将详细阐述如何将建构主义理论融入大学英语混合式教学的实践中。

1. 确立学生中心地位,营造深度学习氛围

建构主义理论核心在于学生的主体性,明确了学生应为知识的主动构建者与探索者。因此,在大学英语混合式教学背景下,教师应始终尊重学生的核心地位,融合线上线下教学策略,营造深度学习环境,以激发学生的求知欲和学习主动性。例如,教师可以借助线上平台发布预习指引和学习资源,引导学生自主预习和探究;在线下课堂,教师可以通过策划小组讨论、角色扮演和案例分析等多元化教学活动,促进学生在互动交流中深化对知识的理解和实践应用。另外,教师还可以通过利用大数据、人工智能等技术,实时追踪学生的学习进度并给予反馈,提供个性化的学习建议和指导,以推动学生实现深度学习的目标。

2. 注重情境创设,促进知识迁移

建构主义理论注重情境在知识建构中的作用。在大学英语混合式教学中,教师可以精心构建真实或模拟的情境,协助学生将所学知识与现实生活紧密衔接,以促进知识的迁移和应用。例如,教师可以结合课程内容,设计与现实生活紧密相关的主题讨论,让学生在模拟或真实的情境中学习并实践英语,以实现知识的有效应用。同时,教师还可以利用线上平台提供的虚拟实验室、模拟软件等资源,为学生创造更加丰富的情境体验,提升其学习效果。此外,教师还可以积极引导学生参与社会实践与志愿服务等活动,使学生在实践中深化对英语的学习与应用,实现知识的内化与外显。

3. 强化合作学习,培养协作能力

建构主义理论强调学生之间的合作学习对于知识建构的重要性。在大学英语混合式教学中,教师可以通过组织小组合作学习、团队项目等方式,鼓励学生之间的交流与协作,共同解决问题和完成任务。在合作学习过程中,学生可以相互分享学习心得、交流学习经验,共同探索问题的解决方案;同时,学生之间可以相互督促、相互鼓励,共同营造积极向上的学习氛围,并

构建健康有效的竞争机制。借助协作学习的方式,学生不仅能够提升英语水平和技能,还能够培养团队协作精神和沟通能力。

4. 实施项目驱动,提升实践能力

建构主义理论鼓励学生通过完成实际项目来建构知识。在大学英语混合式教学中,教师可以结合课程内容和学生兴趣,设计具有挑战性的项目任务,让学生在完成任务的过程中学习和运用英语。由此可见,项目导向的教学方法能够有效激发学生的求知欲和学习主动性,促使他们在实践中持续探索与创新。同时,项目任务的圆满完成将显著提升学生的实践能力、创新精神和问题解决能力。在项目推进的进程中,教师应给予学生充分的指导和支持,帮助他们解决遇到的问题;同时,教师还应及时总结和分享学生的项目成果和经验,为其他学生提供借鉴和启示。

5. 完善学习评价,促进全面发展

在建构主义理论指导下,学习评价应聚焦于对学生学习历程及成果的综合考量。在大学英语混合式教学中,教师应运用多元化的评价策略与方法,全面且客观地评估学生的学习状态,以确保评价的全面性和准确性。具体而言,教师可以通过线上平台的自动评分系统、学生互评等方式,对学生的作业、测试等进行量化评价;同时,教师还可以通过观察学生的课堂表现、参与讨论的情况、完成项目的质量等,对学生进行质性评价。在评价过程中,教师应将焦点放在学生的学习过程上,敏锐捕捉并及时纠正学生在学习中出现的问题;同时,对学生的学习成果给予充分的认可和鼓励,以增强其学习信心和动力。通过完善学习评价体系,教师可以更精准地把握学生的学习状况和需求,从而为后续的教学改进提供有力的支撑和明确的方向。

将建构主义理论融入深度学习视域下的大学英语混合式教学中,需要以学生为中心,注重情境创设、合作学习、项目驱动等教学策略和方法的应用。通过构建深度学习环境、促进知识迁移、培养协作能力、提升实践能力以及完善学习评价等措施的实施,可以有效提升大学英语混合式教学的质量与效果,致力于推动学生的全面发展。同时,教师也需要持续学习,积极探索并采纳前沿的教学理念与技术手段,以此来适应时代的发展和学生的需求变化。

二、情境认知理论

(一)情境认知理论概述

情境认知理论作为一种重要的学习理论,自其提出以来,便在教育领域引起了广泛的关注和应用。该理论强调知识与情境之间的紧密联系,认为学习是在特定情境中进行的,而情境则对学习者的认知过程、知识建构以及应用能力产生深远影响。情境认知理论主张学习是发生在具体情境中的,这些情境涵盖与特定事件相关联的环境、客观的场景设置以及个体的心理环境等多维度因素。该理论高度重视学习者与具体情境间的交互作用,并坚信这种交互对于学习者的认知发展具有决定性作用。在情境认知理论的指导下,个体和环境之间不再是孤立的,而是形成了客观的交流互动关系。这种关系旨在促进学习者对所学内容的意义建构,使其能够更好地理解和掌握知识。

在教学实践中,情境认知理论的应用主要体现在以下几个方面:①创设真实情境。根据学习内容创设有目的的学习情境,使学习者能够在真实的情境中学习和体验知识。这种真实的情境能够极大地激发学习者的学习热情和主动性,进而显著提升他们的学习成效。②重视情境与知识的联系。情境认知理论强调知识与情境之间的内在本质联系。在教学过程中,教师应注重引导学习者发现和探索情境中的知识元素,帮助他们理解知识与情境之间的相互作用关系。情境认知理论突出学习者在学习过程中的核心地位,因此教师应积极倡导学习者主动融入学习情境之中,通过亲身实践,自主构建和完善知识体系。此外,教师还应提供必要的支持和引导,帮助学习者克服学习中的困难。

情境认知理论在现代学校教育的改革与发展中发挥着重要的指导作用。这一理论成功突破了传统教育观念的桎梏,强调了知识与情境之间的紧密联系,为教学改革提供了新的思路和方法。同时,情境认知理论也有助于培养学习者的实践能力和创新精神,使他们在面对复杂多变的社会环境时能够更好地适应和应对。情境认知理论与传统的教学观念相比,具有显著的优势。传统的教学观念往往将知识与情境相分离,过于强调知识的单向传授与机械记忆,却未能充分意识到知识在真实情境中的实际应用及其深远价值。情境认知理论则侧重于知识与具体情境间的紧密互动与关联,坚持认为学习应当在特定情境下得以实现,知识也是在具体情境中得到应用和验证的。

此外,情境认知理论还与现代认知心理学、建构主义等理论具有一定的联系和区别。这些理论都强调认知过程的重要性,但侧重点和方法有所不同。情境认知理论更加注重情境在认知过程中的作用,认为情境是认知的基础和前提。情境认知理论作为一种重要的学习理论,在教学实践中具有广泛的应用价值和意义。它强调了知识与情境之间的紧密联系,为教学改革提供了新的思路和方法。未来,随着教育技术的不断发展和应用,情境认知理论有望在更多领域得到深入研究和应用,为培养具有创新精神和实践能力的人才提供有力支持。

(二)情境认知理论的基本特征

情境认知理论作为一种科学的理论体系,在大学英语教学实践中具有重要的应用价值。通过深入理解和把握情境认知理论的基本特征,教师可以依据情境认知理论,不断提升学生的英语素养,有效优化教学策略,从而显著增强学生的认知能力。在实际应用环节中,情境认知理论凸显出其鲜明的特性与优势,体现在以下几个方面:

1. 强调学生学习的参与性

情境认知理论的核心观点之一是学生作为学习主体的参与性。在情境认知理论的指导下,学生由被动接受知识的对象转变为知识建构的积极参与者,主动投入知识体系的构建中。在知识探求的旅程中,学生展现出了强烈的自主性,他们结合自身的知识体系、认知条件以及实际需求和意愿,主动地进行知识的获取、加工和应用。这种参与性不仅有助于提升学生的学习成效,还能锤炼学生的自主学习能力,激发他们的创新思维与开拓精神。

2. 注重实践在知识学习中的重要性

情境认知理论强调知识学习与实践之间的紧密联系,它认为,知识的获取和理解需要通过实践活动来实现,而不是仅仅依靠书本上的理论知识。[1]

---

[1] 姜春华:《情境认知学习理论在大学英语教学中的应用研究》,《海外英语》2023年第15期,第137—139页。

在情境认知理论的指导下,教师应该注重将理论知识与实践活动相结合,为了使学生更深入地理解知识的核心,我们应创设真实且富有挑战性的学习情境,让他们在实践中感悟、体验并应用所学知识。这种实践活动不仅有助于深化学生对知识的理解,更能有效提升学生解决问题的能力,同时进一步激发他们的学习热情和动力。

3. 关注知识与情境的互动关系

情境认知理论进一步强调了知识与情境间的动态联系,主张知识并非孤立存在,而是与特定情境相互交织、相互影响,共同构成知识的完整体系。在知识获取的进程中,学生需要不断地将知识与情境进行关联和整合,以形成对知识的全面理解。同时,情境也会对知识的理解和应用产生影响,不同的情境可能会引发学生不同的认知反应和思考方式。因此,教师在设计教学活动时,应充分考虑情境因素,为了促进学生深入理解和灵活运用知识,应精心构建那些能够触发学生积极认知活动的学习情境。

4. 重视学习的社会性和合作性

情境认知理论高度重视学生学习过程中的社会性和合作性。它强调学习作为一种社会互动过程,必然涉及与他人的交流协作,共同促进知识的构建与深化。在学习的进程中,学生得以借助与同伴的互动交流,与教师或专家的互动和合作,通过集体智慧共同攻克难题,交流心得与经验,进而深化对知识的领悟与运用。这种强调社会互动与协作的学习方式,不仅显著提升学生的学习成效,更对其团队协作及人际沟通能力的培养具有深远影响。

5. 创设真实的英语学习情境

在大学英语教学中,教师可以根据情境认知理论的基本特征,创设真实的英语学习情境,让学生在模拟的实际环境中进行英语学习实践。例如,教师可以设计一些与日常生活、工作场景或文化交流等相关的英语学习任务,在任务执行的过程中,使学生置身于真实的英语交流环境中,以获得沉浸式的体验,从而提高英语口语应用的准确性和流畅性。

6. 引导学生参与英语实践活动

情境认知理论强调学生的参与性,因此,在大学英语教育中,学生应积极投身于英语实践活动中,跟随教师的教学内容丰富学习体验。例如,教师可以组织学生参与校外的英语比赛或与英语相关的活动,学生可以从中提高自身的实战技能并锻炼自己的英语能力。同时,教师可以通过精心策划课堂讨论与小组合作等活动,有效激发学生的内在兴趣和学习动力,从而培养他们的自主探究能力和团队协作精神。

7. 注重英语知识与情境的结合

情境认知理论关注知识与情境之间的互动关系,因此,在大学英语教育体系中,教师应当着重将英语知识融入实际情境中,实现知识与应用的紧密结合。例如,在教授英语学习理论和方法时,教师可以结合具体的英语学习实例进行分析和讲解,让学生更好地理解英语知识的应用和实践价值。同时,教师还可以通过分析不同文化背景下的英语教学现象和差异,帮助学生加深对英语教学的理解和认识。

随着教育教学理念的不断更新和发展,情境认知理论在深度学习视域下大学英语混合式教学研究中的应用将更加广泛和深入。我们期待更多的教育工作者能够积极探索和实践情境认知理论,为培养具备创新精神和卓越实践能力的优秀英语人才做出更为卓越的贡献。总之,情境认知理论的基本特征为大学英语教学实践提供了有力的理论支撑和实践指导。通过深入理解和应用这一理论,我们可以更进一步推进高精尖英语人才培养目标的达成,以更新英语教学的方式方法,培养学生出色的英语能力和个人素质。

(三)情境认知理论的应用策略

1. 带领学生深入情境体验

在大学英语教学过程中,教师应遵循情境认知理论,以引导学生自然而然地融入生动逼真的情境环境为根本目标,不断深化学习体验,并借此重构英语教学模式。同时,英语教师还需确保学生在情境中能够积极地进行自我思考,充分展现语言情境创设的价值,促进学生的个性化学习,深入体验语言的魅力。在创设情境的方式上,除了常见的"四步法"外,还有其他富有创意的方法,例如情境导入法、视听结合法、预测内容法、写作引导法等。

(1)情境导入法。该方法能有效帮助学生迅速进入真实的教学情境中,产生心理共鸣,并帮助学生快速了解需要学习的核心信息以及要点。比如,英语教师可以利用学生熟悉的明星视频或图片作为导入,让学生能够将注意力完全放在教学内容上,并跟随这些熟悉的图片深入英语课堂的学习中去。在掌握足够背景信息后,教师可引导学生分享和交流对明星日常生活的认知,使课文阅读过程转变为自主学习过程,减轻语言学习的枯燥感。

(2)视听结合法。该方法适用于结构相对简单、学习难度较小的课堂内容。凭借此方法,教师可以帮助学生建立个人的语言学习系统,并通过训练学生视觉和听觉的感知能力,激发学生英语实际情境的应用能力和想象能力。教师也可以通过各种音频设备播放英语教学内容强化学生英语听力能力,使学生在后续学习中带着任务进行检验,获取新信息,并在组织信息的过程中迅速融入教学情境。

(3)预测内容法。该方法也是一种有效的教学方法,虽然这种方法常被应用于学习困难指数高的大学英语课程,但却能通过预测的方法赋予英语教学内容更多的趣味性,从而吸引学生去探索英语的教学内容。当学生完成预测内容的学习时,教师也可以帮助学生对前期英语阅读内容的预测结果进行科学的评估和考量,帮助学生深入理解文章内容。

(4)写作引导法。该方法的核心要点是,教师通过让学生对英语课文的创作背景有一定了解之后,再引导学生正式开始英语的阅读学习,然后围绕课文主题进行写作练习。通过对比写作内容和课文内容,学生的英语思维能力便得到了充分锻炼,在进行英语的表达训练时也会更加得心应手。目前英语教学的方法看似很多,但在实际操作的过程中教师还是要根据实际教学的需求和学生的特点灵活选择和应用最合适的教学方法,以达成英语教学的目标为主要任务,切忌随便乱用教学方法。

2. 情境沉浸学习

在大学英语教学实践中,引领学生深入情境体验之中,无疑是提升其英语思维能力的有效途径。这种沉浸式学习不仅能够助力学生精准把握文章精髓,更能够促使其在阅读过程中形成独特的英语思维范式。在此过程中,教师应积极引导学生跟随作者的笔触,深入领会文章内涵,以积极、主动的态度投入阅读活动,进而形成具有个人特色的英语思维模式。情境沉浸学习方法多样,主要可归结为以下三种:

(1)内容任务导向法。通过设定与文章内容紧密相关的任务,使学生在完成任务的过程中自然而然地融入语言环境,降低语言障碍的干扰,聚焦于技能学习和内容理解,从而充分发挥英语阅读作为学习工具的作用,提升学生在深度思考和内容解析中的阅读能力。

(2)角色代入法。该方法借鉴社会建构主义理论,鼓励学生站在作者的角度去理解和感受文章,深入探究作者的文化背景、社会地位及其对文章的影响。通过这种方法,学生能够更深入地理解作者的创作意图,进而提升阅读理解的深度和广度。

(3)推理判断训练法。教师可将阅读过程视为一种心理语言游戏,引导学生根据书面信息进行逻辑推理并寻找出最佳答案。由此可见,在英语混合教学的过程中,教师更需要注重教学方法和技巧的运用,比如前景介绍、逻辑推理、结果预设等,学生能够逐渐提升自己的理解能力和分析能力。同时,教师还应注重培养学生对作者言外之意的感悟能力,并通过利用逻辑推理方法,辅助学生推敲出文章背后所隐藏的真实含义,从而提高阅读理解的能力。

在大学英语教学中,通过情境沉浸学习的方式,不仅能够提高学生的英语阅读能力,更有助于培养其英语思维习惯。教师应根据学生的学习特点和需求,灵活运用各种情境沉浸学习方法,为学生的英语学习创造更加丰富、多元的学习体验。

3. 场景模拟教学法

从某种意义上说,英语教育的深层目标在于培养学生实际应用英语的能力,将听、说、读、写四项技能融为一体,以最大化发挥语言学习的综合效用。在英语教学中,场景模拟教学法可细分为四个层面。

(1)阅读和重述。具体言之,重述旨在培育学生准确捕捉文本内容和作者意旨的能力;而阅读帮助学生熟悉文本中的词汇和句式,在情感投入中,学习如何精准传达作者的思想,由此增强学生的阅读理解能力。

(2)改编与延展。针对大学英语中具有故事性的文本,通过改编与延展,不仅能助力学生更深入地领悟文章内容,还能提升他们的叙述与表达能力,激发他们的创新思维,续写出精彩故事。

(3)编写剧本与角色扮演。教师应引领学生深入理解文章内容,聚焦关键信息。该方法尤其适合人物特色鲜明或多角色的文本。在教学实践中,教师可将学生分组,引导他们根据文本创作剧本,进而分配角色进行演绎,以此增添课堂趣味性,激发学生的学习兴趣。

(4)探讨与辩论。在正式的教学环境中,教师可以灵活运用小组讨论或辩论等形式,以激励学生主动阐述并发表个人观点。这种方法在涉及观点阐述或议论性文本的讲授中尤为有效，能够显著地提升学生的思辨技巧，并进一步增强其言语表达能力。

4.情境认知教学法的回溯与思考

在情境认知教学法的实践中，教学反思是一个至关重要的步骤。大学英语教师需要对学生的课堂表现进行深入分析与评估，这包括但不限于他们的口语流畅度、肢体语言的应用能力等方面。同时，教师还应对学生准备的内容和其拓展的深度有所了解，以便提出更加贴合学生实际需求的建议。此外，教师应鼓励学生根据教师的反馈，不断地修订和完善他们的学习笔记。这不仅有助于学生及时吸收和内化课堂知识，更能促使他们对课堂内容进行深度的反思和总结。学生最终需要将修订后的笔记整理成电子文稿，作为书面作业提交。教师在这一过程中，应肩负起认真审阅和提供反馈的责任，从而为学生的复习和巩固提高提供有力的支撑。更为重要的是，大学英语教师需要具备一种长效的反思机制。这要求教师不仅要关注每一堂课的教学效果，更要从宏观的角度思考如何借助现代网络技术来提升情境认知教学的效率。通过这种方式，教师可以更有效地培养学生的探索精神，并为他们创造一个更为宽松和自主的学习环境。

情境认知教学法中的教学反思不仅是对学生学习成果的检验，更是对教师教学方法的复盘总结和不断优化。在这一过程中，教师与学生的互动能够推动双方的共同进步，实现教学相长，从而构建起一个和谐发展的教育环境。

三、元认知理论

（一）元认知理论概述

元认知理论作为心理学领域至关重要的理念，着重关注个体对其认知过程的全面觉察、深刻理解和精准调控。近年来，这一理论在教育教学领域的应用日益广泛，特别是在大学英语阅读教学中展现出显著价值。该理论最初由美国心理学家约翰·弗拉维尔（John Flarell）提出，其核心理念在于"对认知的认知"，即个体对自身思维活动和学习流程进行细致觉察、严密监控和有效调节。元认知理论包含三大核心内容，即元认知知识、元认知体验和元认知监控等。①元认知知识。对于学生与教师个体来说,元认知知识不仅是源自我们对自己学习认知能力的深刻理解,还涵盖了关于自身认知能力、学习材料的性质以及学习任务要求等方面的知识。[①] 通过掌握元认知知识,学习者能够更精准地把握自身的学习特性,进而选择与之契合的学习策略,从而显著提升学习成效,实现个人学习能力的优化与提升。②元认知体验。元认知体验就是在学习的进程中,个体所经历的一种与认知活动紧密关联的情感触动与认知觉察,它体现了学习者对自身思维过程的深刻体验与理解。这些体验涵盖了学习者对学习材料所持有的浓厚兴趣,这种兴趣是推动他们深入探索与学习的关键因素。元认知体验有助于学习者及时调整学习策略,保持积极的学习态度,促进学习的深入进行。③元认知监控。元认知监控核心在于我们如何对自己的认知进行管理、监控和调节,它包括对学习目标的制定、学习进度的安排、学习策略的选择和调整等方面。通过元认知监控,学习者可以及时发现学习中的问题,采取有效的措施进行解决,从而提高学习的效率和效果。

大学英语阅读教学是提高学生英语阅读能力的重要途径,而元认知理论的应用对于提升阅读教学效果具有重要意义。教师可以通过引导和讲解,帮助学生了解元认知理论的基本概念和应用价值,提高学生对自身认知过程的觉察和理解。同时,为了深化学生的自我认知,教师应当激励学生对自身的学习过程与方法进行深度反思,从而培养学生的元认知意识,使其更加自觉地监控和调整学习策略以及学习行为。从目前来看,元认知理论在大学英语阅读教学中具有广泛的应用前景。通过培养学生的元认知意识,制订合理的阅读计划和目标,教授有效的阅读策略,以及加强阅读后的反思和总结,教师可以帮助学生提高阅读水平,使他们能够适应英语混合教学的节奏,这些努力将为学生在未来的学习和职业生涯中奠定坚实而稳固的基础。

(二)元认知理论的必要性

元认知理论在大学生英语阅读学习策略中的必要性,体现在它对学生信息处理能力、学习自主性及认知策略的显著提升方面。这一理论的核心

---

① 周照兴、雷彩:《元认知策略使用对大学生英语写作成绩的影响》,《广西教育学院学报》2023年第5期,第202—206页。

在于引导学生通过自我监控、自我调节和自我评估来优化学习过程,进而提升学习效果。元认知理论强调学生对阅读信息的整合与加工能力。在大学生英语阅读中,元认知学习策略帮助学生从被动接受信息转变为积极主动的信息处理者。通过设定明确的学习目标和计划,在自我引导下,学生能够更为精准地挑选阅读材料以及明确适合的阅读方法,并在阅读过程中不断调整和完善自己的学习策略。元认知理论有助于学生主动性的显著提升,对于激发其学习动力、优化阅读效率起到了积极的推动作用。在元认知学习策略的科学引领下,学生不仅能够独立制订学习计划,还能对自己的学习过程进行有效监控和评估。这种自主性的提升不仅有助于提高学生的阅读水平,还能帮助学生明确未来的发展方向并且培养终身学习的习惯。

此外,元认知理论在大学生英语阅读中还具有重要的实践意义。通过引导学生运用元认知学习策略,教育工作者可以轻松帮助学生完成阶段性的学习目标并提升他们英语阅读的能力,避免学生在阅读学习中频繁出现反应慢、理解力薄弱等问题。同时,元认知学习策略的应用也有助于提高学生的阅读兴趣和积极性,既能增强他们的阅读理解能力,又能让他们时刻感受到阅读学习的趣味。

总之,元认知理论在大学生英语阅读学习策略中具有重要的意义。它不仅能够提升学生的信息处理能力、自主学习能力和认知策略,还能有效提高教师在英语阅读教学中的专业能力和教学素质,使他们能够更轻松应对学生的学习难题。因此,我们应该充分重视元认知理论在大学生英语阅读中的应用和推广。

元认知理论在深度学习视域下大学英语阅读教学中具有以下几个方面的优势:

(1)元认知理论有助于提升大学生的英语阅读能力。通过教师的引导,学生可以轻松掌握并运用元认知学习策略提高自己的阅读理解能力,让自己的阅读过程更快、更准确、更有侧重点。同时,学生在运用元认知理论之后,自身的英语思维能力也会得到提升,对原本一知半解的阅读内容会更容易理解作者的意图。由此可见,元认知理论不仅能提高学生的阅读理解能力,还能不断强化学生的创造性思维。

(2)元认知理论能够激发大学生的主动阅读兴趣。教师之所以能够更精确地洞察学生在英语学习过程中的实际需求,是因为他们通过摒弃传统的阅读和知识灌输教学模式,帮助学生明确其在学习中的主体角色,激励他们积极投身于阅读活动,从而发掘阅读背后的深层乐趣与意义。这种主动性的提升有助于培养学生的阅读兴趣,使其更加积极地投入英语学习中。

(3)元认知理论还有助于提高大学英语阅读教学的整体效果。通过引导学生运用元认知学习策略进行阅读,教师能够有效地帮助学生解决英语学习中的一系列困难点,并且可以轻松把控课堂的学习进度以及预测学生即将遇到的英语阅读学习的难题。当然,元认知理论的应用也有助于促进师生之间的互动和交流,提高课堂教学的活跃度和实效性。

(三)元认知理论的应用价值

元认知理论的应用价值不仅在于其对个体认知过程的深刻洞察,更在于其对教育实践的重要指导意义。在深入探讨元认知理论的应用价值时,我们不难发现,它对于提升学生的学习能力、优化教师的教学策略以及推动教育改革的深入发展等方面都具有举足轻重的作用。

1. 优化学习策略,提升自主学习能力

元认知理论在大学英语阅读教学中的应用,首先体现在对学生学习策略的优化和自主学习能力的提升上。通过培养学生的元认知认识和能力,教师可以帮助学生了解自己的学习特点、学习风格以及学习策略的有效性,从而引导学生选择适合自己的学习方法。同时,元认知理论还强调对学生学习过程的监控和调节,帮助学生在学习过程中及时发现问题、调整策略,确保学习的高效进行。具体而言,教师可以通过讲座、小组讨论等形式,向学生介绍元认知理论的基本概念和应用方法,引导学生反思自己的学习过程和策略。此外,教师还可以设置具体的阅读任务,要求学生在完成任务的过程中运用元认知策略,如计划、监控和评估等,以提升学生的学习效果。通过长期的实践,学生可以逐渐掌握元认知学习策略,提高自主学习能力,为未来的学习和职业发展奠定坚实基础。

2. 增强阅读体验,提高阅读理解能力

元认知理论的应用还能够增强学生的阅读体验,提高学生的阅读理解能力。在阅读教学过程中,教师可以通过引导学生运用元认知策略,如预测、推理、总结等,帮助学生深入理解文本内容,把握文章主旨。同时,教师还可以鼓励学生在阅读过程中进行自我评价和反思,从而提高学生的阅读体验和对文本的深入理解。例如,在阅读一篇英文文章时,教师可以先让学

生预测文章的主题和内容,然后引导学生通过快速阅读了解文章大意,接着进行细节阅读和深度理解。在阅读过程中,教师可以要求学生运用推理和总结等策略,分析文章的结构、作者的观点以及文本的深层含义。在阅读结束后,教师可以组织学生进行讨论和交流,分享阅读体验和收获,从而进一步提高学生的阅读理解能力。

3. 促进教学相长,提升教学质量

元认知理论的应用不仅有利于学生的学习和发展,还能够促进教学相长,提升教学质量。通过培养学生的元认知认识和能力,教师可以更好地了解学生的学习需求和特点,从而针对性地调整教学策略和方法。同时,学生也可以通过反思和评价自己的学习过程和效果,向教师提供宝贵的建议,帮助教师不断完善教学设计和实施。在教学过程中,教师可以设置具体的教学任务和活动,如小组讨论、角色扮演、案例分析等,让学生在实践中运用元认知策略,提升学习效果。[1] 同时,教师还可以通过观察学生的表现和收集学生的反馈,不断调整和优化教学方法和策略,提高教学质量。在这一过程中,教师和学生可以共同进步,教学相长,实现教学目标的最大化。

元认知理论在大学英语阅读教学中的应用价值体现在多个方面。通过培养学生的元认知认识和能力,优化学习策略,增强阅读体验,促进教学相长,可以全面提升学生的阅读能力和自主学习能力,为未来的学习和职业发展奠定坚实基础。因此,教师应充分重视元认知理论的应用,将其贯穿于阅读教学的全过程,以推动大学英语阅读教学的改革和发展。

(四)元认知理论的应用策略

在深度学习视域下,大学英语混合式教学与元认知理论的结合是一种有益的尝试。一方面,通过有效应用元认知理论的应用策略,可以帮助学生更好地适应混合式教学环境,提高他们的自主学习能力和学习效率,为他们的未来发展奠定坚实的基础。另一方面,通过深化元认知认识、强化元认知体验、加强元认知监控、构建多元化评价体系以及加强教师培训等措施,可以有效提升学生的自主学习能力、反思能力以及学习策略调整能力,从而实

---

[1] 李婧:《元认知策略对大学生英语自主学习能力的提升作用及培养路径》,《英语教师》2023年第15期,第73—76页。

现深度学习在大学英语混合式教学中的有效应用。在深度学习视域下探讨大学英语混合式教学与元认知理论的应用策略,教育工作者可以从以下几个方面着手开展更深入的研究。

1. 深化元认知认识,构建学习自主意识

在深度学习视域下,大学英语混合式教学应着重培养学生的元认知认识,进而构建其自主意识。元认知认识的培养,旨在使学生对自身的学习过程、学习策略及学习成效有更为清晰的认识和把握。为此,教育工作者更需要帮助学生确立阶段性的学业任务和目标,通过开展一系列的教学活动使学生快速进入学习状态,认识到自身的学习特点和优势,从而制订出符合自身实际的学习计划。同时,通过案例分析、小组讨论等方式,让学生认识到元认知理论在英语学习中的重要性,激发其主动运用元认知策略进行学习的意愿。

2. 强化元认知体验,提升学习反思能力

元认知体验是学生在学习过程中对自身认知活动的体验和感知。在混合式教学模式中,教师需要引导学生深入了解和学习元认知理论,并带领学生亲身体验该理论的独特之处,通过日常学习和复盘加深学生对元认知的理解。例如,在实际的学习和体验过程中,学生可以在教师的陪同下反复多次回顾元认知的学习过程,并总结元认知体验中的经验或者教训,为以后的学习提升做足准备。同时,教师还可以通过线上平台提供学习反馈和建议,根据学生的实际学习情况实时调整元认知理论的学习目标,帮助学生巩固课程知识。

3. 加强元认知的学习监督,调节学生的学习状态

教师应指导学生加强元认知监督,使其能够对自己的学习状态进行实时评估和调节。在每堂课结束后,教师需要根据课堂教学数据的统计分析,及时评估学生的学习状态和听课效果,并根据学生的实际情况进行个性化的指导。同时,教师还可以教授学生一些有效的学习策略,如时间管理、记忆技巧等,帮助学生更好地应对学习挑战。

4. 构建多元化评价体系,促进学生全面发展

在深度学习视域下,大学英语混合式教学的评价体系应更加多元化和全面。除了传统的考试成绩外,教师还需针对学生英语学习过程中的状

态、技巧方法和学习规划进行全方位的把控,要充分利用线上的学习工具辅助学生了解自身的学习情况,并据此给出针对性的评价和建议。同时,学生在学习的过程中也可以综合了解自己的长处和短处,例如运用自评和他评的工具评估学习的最终效果,从而更好地调整自己的学习方向。

5. 加强教师培训,提升混合式教学能力

为了确保元认知理论在大学英语混合式教学中的有效应用,教师更应该加强自己对混合式教学模式的学习,达到在教学过程中灵活自如地应用。此外,学校也需要为教师提供应有的教育资源支持,比如,定期开展教师培训活动,为学校教师聘请更资深的教育专家、学者答疑解惑,共同改进混合式教学的方式方法,并组织所有教师开展教研交流会,鼓励教师与同行交流教学的经验和心得,从而提升教师的教学能力和水平。

四、活动理论

(一)活动理论概述

活动理论作为一种揭示人类活动内在复杂性的描述性工具,为我们深入剖析各类活动提供了强大的支撑。这一理论不仅聚焦于活动本身,更透过活动的表面,深入探寻其背后的多元要素及其错综复杂的关联。经过历代学者的精心雕琢与不断完善,活动理论已逐渐构筑起一个全面而系统的理论架构,为我们解读和剖析各类活动提供了独特的视角和路径。

在学术领域中,霍因斯·爱德曼·恩格斯托姆(Hoynrs Eidman Engström)以深厚的学术造诣和独到的见解,为活动理论的发展做出了卓越的贡献。他提出的第三代活动模型,囊括了四个核心子系统(生产、消费、交换、分配)以及六大关键要素(主体、客体、共同体、工具体、规则、劳动分工),为我们理解活动提供了一个全面而细致的分析框架。这一模型将活动视为一个由各子系统和要素相互交织、相互作用的复杂网络,强调了在活动过程中各要素之间的动态交互与相互制约关系。这一理论框架不仅有助于我们深刻揭示活动的本质特征和内在规律,同时也为我们在实践中优化活动流程、提升活动效果提供了有力的理论支撑。在教育领域,活动理论的应用尤为显著。学习活动作为教育活动的重要组成部分,其内在的个体性与群体性的辩证统一关系在活动理论中得到了充分的体现。活动理论强调了在学习过程中工具、规则和劳动分工的重要性，认为这些要素对于学习活动的顺利进行和学习效果的提升具有至关重要的作用。同时，活动理论还从系统论的角度出发，对学习活动的各个要素进行了深入的分析和整合，为设计更具深度和广度的学习活动提供了方法论上的指导。

值得一提的是，活动理论不仅关注单个活动系统内部各要素之间的相互作用，还注重多个活动系统之间的相互影响和相互渗透。这种跨系统的互动关系往往会产生一系列的结构性矛盾和冲突，然而这些矛盾和冲突并非全然负面，它们实际上是推动活动系统不断发展和完善的重要动力。因此，在活动理论的指导下，我们需要正视并妥善处理这些矛盾和冲突，以推动活动的持续优化和发展。此外，从心理学的视角来看，活动理论由维果茨基等心理学家创立并不断发展完善。每一代活动理论都以其独特的视角和关注点，揭示了人类活动的不同侧面和层次。从最初的中介作用到活动本身，再到多个活动系统之间的互动关系，活动理论不断深化和拓展，为我们理解人类活动的复杂性和多样性提供了丰富的理论资源。

在信息化时代，信息技术的迅猛发展为教育活动带来了前所未有的变革。信息技术在教育领域的应用愈发重要，它不仅改变了以往英语教学的工作模式和教学方法，还可以提升教学的效果和质量。在这一背景下，活动理论的应用前景更加广阔。它不仅可以为我们分析大学英语教师混合式教学活动提供有力的理论支撑，还可以指导我们更好地将信息化工具融入英语的教学设计中，通过更具现代化的教学活动增强英语学习的氛围环境，助力学生在英语学习中快速成长。总之，活动理论作为一种揭示人类活动复杂性的描述性工具，在教育领域具有广泛的应用价值和深远的意义。

（二）活动理论的必要性

活动理论作为一种理论体系，侧重于探究个体与社会环境之间的互动关系。它关注个体在特定社会文化背景下的行为模式、思维方式和情感表达。活动理论认为，人的思维和行为是在不断变化的实践活动中逐渐发展和完善的，这些活动受到社会、文化、历史等诸多因素的制约与影响。[①] 因

---

① 钱希：《活动理论视域下大学英语混合式教学课程思政探究》，《中学政治教学参考》2023年第44期，第17—20页。

此,活动理论对于揭示人类行为的本质和规律具有重要意义。在当今社会,随着科技的飞速发展和信息化的日益普及,人们面临着日益复杂多变的社会环境和挑战。活动理论为我们提供了一种有效的分析工具,帮助我们更好地应对这些挑战。通过对活动系统的各个组成部分及其相互关系的深入剖析,我们可以更加精准地把握人类行为的本质和规律,并将其归纳整理成一套完整的知识理论体系作为英语教育教学的科学依据。活动理论具有广泛的应用领域,横跨多个学科领域,如教育学科、心理学、社会学、管理学等。在教育领域,活动理论强调学生的主体性和参与性,并从心理学的角度关注个体在特定情境中的心理过程和行为反应,为心理咨询和治疗提供了有益的启示。在社会学和管理学领域,活动理论有助于我们更深入地理解组织行为、团队合作以及社会变革等问题。

活动理论对个体和社会的发展具有积极的推动作用。它有助于提升个体的认知能力和创新能力。通过参与多样化的实践活动,个体应当以全面提升综合素质为目标,持续拓宽自身的知识理论范围和技能学习的广度,进而增强自身在竞争激烈的社会环境中的竞争力。同时,活动理论也强调个体在实践活动中的主动性和创造性,鼓励个体不断尝试新的方法和思路,从而培养创新精神和实践能力。

活动理论对于促进社会发展同样具有重要意义。一个充满活力和创新的社会需要不断涌现新思想、新观念和新方法。活动理论鼓励人们积极参与社会实践,通过合作与竞争推动社会的进步和发展。此外,活动理论还有助于构建和谐的社会关系,增强社会凝聚力和向心力。为了能够进一步加深相互之间的了解,人们可以通过构建更为坚实的信任基础,形成共同的价值观念和目标追求,从而推动社会的和谐稳定发展。

活动理论在当今社会中扮演着举足轻重的角色。它为我们提供了一种深入理解人类行为和社会现象的理论框架,为解决实际问题提供了有力的支持。同时,活动理论也强调个体的主体性和创新性以及社会的合作与竞争,为个体和社会的发展提供了积极的推动力量。因此,我们应该充分重视活动理论的研究和应用,将其广泛运用于各个领域,为构建更加美好的社会贡献力量。

(三)活动理论的应用价值

在当今的教育环境中,活动理论已成为一个不容忽视的理论架构,它积极地推动着教师教学思维的深入发展。特别是在大学英语教育领域,经验丰富的教师们正面临着诸多挑战和问题,而活动理论则成为他们转变与发展教学思维的重要指南。我们需认识到活动理论的核心观点,即强调个体与环境间的动态互动,以及个体在活动中的自主性和创新力。在大学英语教育实践中,教师通过积极参与各类教学活动与互动,不断调适和完善自身的教学思维。这些活动包括但不限于课堂教学、学术研讨、团队合作等。通过亲身参与,教师不仅能深入了解学生的学习需求和教学环境的实际状况,更能从他人的经验中汲取智慧,不断丰富和深化自身的教学思维。

此外,活动理论还强调个体在活动中的主体性和创造性。这意味着教师在参与教学活动时,应充分发挥自身的主动性和创造性,勇于探索新颖的教学方法和策略,不断满足学生在不同学业阶段的教学需要。教师在活动理论的应用中还需要积极主动地去发挥自己的创新能力,这不仅有助于提升教师的教学效能,更能为枯燥乏味的教学内容带来更多趣味,从而不断刺激学生学习的主动性和创造力,实现教学相长的良好局面。然而,要充分发挥活动理论对教师教学思维的积极驱动作用,还需注意以下几点:

1. 教师要具备良好的教学理念和育人观念

在教学的过程中,教师要明确自己并非只是知识的传递者,更多的是学生学习成长的领路人,理应将教学的重点工作放在激发学生个人能力和成长发展上。而学生在学习的过程中,需要积极主动参与教师的教学活动,在教师的陪同下提高自己的学习能力并有意识地培养自己的实践创新思维,为自己以后的成长发展做好学习规划。

2. 教师工作者要不断提升业务能力

这包括不断更新学科知识、掌握先进的教学技术和方法、提高科研能力等方面。通过不断学习和实践,教师工作者的专业能力和教学方法都将得到极大提升,其对教学理论体系的认知和理解也会更上一层楼,这有助于教师后续开展更多有趣且具有互动性的教学活动。

3. 教师要充分运用活动理论建立广泛的人脉和合作网络

通过与同行、学生和其他利益相关者的交流与合作,教师可以更好地了解教学需求和问题,共同探讨解决方案,推动教学思维的不断创新和发展。活动理论为教师教学思维的积极驱动提供了有力的理论支撑和实践指导。通过运用活动理论的观点和方法,教师可以更好地应对教学中的挑战和困境，发挥自身的主体性和创造性，实现教学思维的深入发展和不断完善，这将有助于提升大学英语教育的质量和水平。

（四）活动理论的应用策略

随着信息技术的飞速发展，线上教育已逐渐成为教育领域的一股新势力。相较于传统的线下教育模式，线上教育在形式、内容、方式等方面都展现出了独特的优势。然而，如何从活动理论的角度出发，设计高质量且有吸引力的线上学习课程与活动，既能提升学校的教学水平，又能给学生带来与众不同的课堂体验。从本质上来看，线上与线下教育目标并不一致，线上的教育模式更多侧重于实现对学生个性化教学的目标，而线下的教育模式则是以培养学生成长的长期教学目标为主。为了使深度学习视域下大学英语混合式教学达到更好的教学效果，教育工作者可以从以下五个维度构建活动理论的应用策略。

1. 注重因材施教，制定个性化的教学方案

在教学过程中，教师要考虑到由于每个学生的成长环境不同，其学习能力、状态、习惯都会存在诸多差异。因此，教师理应以学生的这些个性差异为依据进行课堂教学活动的设计，并制定相应的教学策略以满足不同学生的学习需要，为他们量身定制适合的学习内容和活动形式，以确保每个学生都能在学习过程中得到充分的关注和指导。

2. 构建线上学习共同体，促进学习交流

教师可以通过设计多样化的线上教学活动，让学生凝聚成一个学习的共同体，统一为他们提供更加丰富的学习资源和互动方式。学生可以与其他同学和教师进行互动交流，分享学习心得和经验，相互学习、相互帮助。这种互动不仅可以增强学生的学习动力和学习效果，还能提高学生与学生之间的配合度，培养其团队合作的意识。所以，教师在设计线上教学活动时，应注重构建线上学习共同体，为学生提供更多的互动机会和平台。

3. 运用在线技术提高教师的教学水平

信息技术的发展为线上教学提供了更多的可能性。教师可以利用信息技术工具，如在线学习管理系统、学习数据分析工具等，对线上教学过程进行优化和管理。例如，学生如果对课程中的内容产生疑问，可实时通过在线教学评价系统进行反馈和寻求教师的帮助，这不仅能提高学生学习的兴趣

和热情,还为教师节省出更多时间用于提升自己的教学能力。同时,教师还可以利用在线学习管理系统对学生的学习进度、作业提交等情况进行管理和跟踪,确保线上教学的顺利进行。

4. 建立有效的线上教学评价机制

教学评价是教学活动的重要组成部分,也是提高教学效果的关键环节。在线上教学中,教师应建立有效的线上教学评价机制,对学生的学习成果进行客观、全面的评价。这包括对学生的作业、测试、参与度等方面进行评价,并及时将评价结果反馈给学生。学校可以建立一个完善的教学评价机制,这样既能提高教师的教学水平和专业能力,实时调整教学方针,以提高线上教学的质量和效果;又能帮助学生提升学习效果,让学生保持学习的热情和兴趣,更快地进入学习状态。

第四章

深度学习视域下大学英语混合式教学的系统设计

一、教学目标设计

(一)整体性教学目标设计

深度学习在教育学中有着深刻的意义和重要作用,教育学中的深度学习指学生通过高层次的认知过程理解和掌握学科知识,进而将所学知识迁移到新情境中的学习方式,强调的是知识的内化和应用,而不仅是表层的记忆和再现。深度学习在教育中的应用旨在促进学生全面、系统、深入地理解学习内容,发展高阶思维能力和解决实际问题的能力,这与混合式教学的目标不谋而合,即通过多样化的教学手段和资源,提升学生的综合素质和能力。混合式教学是将传统的面对面课堂教学与在线教学有机结合起来的一种教学模式,是利用网络技术,整合多种教学资源和手段的教学模式,旨在优化教学效果和学生学习体验。① 在深度学习视域下进行大学英语混合式教学目标设计时,教师要注重设计的整体性,整体性教学目标设计是强调学生全面发展和综合能力培养的教学目标设计方法。在设计整体性教学目标时,需要考虑知识、技能、态度、应用、素养等多方面内容。

1. 知识目标

知识目标通常为学生需要掌握的语言知识,包括英语词汇、语法、语用等方面的内容。在设计知识目标时,教师应注重多样性和系统性原则,可通

---

① 陆燕:《混合教学模式在大学英语课程教学中的运用研究》,《海外英语》2024 年第 4 期,第 134—136,140 页。

过面对面课堂教学和在线资源相结合的方式提供多样化的语言知识,应尽可能系统、全面地帮助学生构建完整的知识体系。另外,也要考虑到知识的深度理解和应用,传授语言知识是基本内容,更重要的是要引导学生进行深入理解和应用。例如,在语法教学中,教师不仅要讲解语法规则,还要通过实际语境中的练习和应用,帮助学生掌握其使用方法。

2. 技能目标

技能目标为学生需要具备的语言技能,例如英语的听、说、读、写、译等能力。听说能力可以通过在线音频、视频资源和课堂互动的方式,培养学生的听力和口语能力。例如,可以通过观看英语视频、参与在线讨论,提高学生的听力理解和口语表达能力。读写能力可以通过在线阅读材料、写作任务和课堂指导等方式,提升学生的阅读和写作能力。例如,可以通过让学生阅读电子书、进行在线写作训练等方式,提高其阅读理解和写作表达能力,也可以通过精读和泛读训练,提高学生的阅读理解和分析能力,培养其批判性思维,通过开展中英互译训练,培养学生的翻译技巧和能力。此外,还可以通过多样化的任务和活动,培养学生的语言综合运用能力。例如,设计跨文化交流任务、模拟真实情景中的语言应用活动,帮助学生在实际生活中有效运用语言。

3. 态度目标

态度目标指学生在学习过程中应持有的积极态度和情感,包括学习动机、自信心、文化意识等。为加强学生的学习动机,可以通过丰富的教学资源和多样的教学方式,激发学生的学习兴趣,可以利用游戏化学习、项目式学习等方式,激发学生的学习热情和积极性。英语作为我国非母语语言,在语法和运用等方面都与母语习惯存在明显区别,因此学习过程中有必要提升学生的自信心,帮助学生克服学习中遇到的困难,对此,教师可以通过逐步递进的学习任务和积极的反馈帮助学生建立自信心。语言是文化的表现形式,也是文化的载体,要想掌握一门外语语言,学生需要具有文化意识,在加强文化意识方面,可以通过跨文化交流活动和多元文化资源,例如,组织学生参与国际交流项目、观看多元文化电影等方式,培养学生的跨文化意识和跨文化交际能力。

4. 应用目标

语言学习的目的在于应用,应用目标即学生拥有将所学知识和技能应用于实际生活和工作中的能力,包括解决问题、沟通交流、跨文化交际等。要想提升学生解决问题的能力,教师可以通过任务驱动型学习和项目式学习的方式培养学生解决问题的能力,例如,设计真实情景中的问题解决任务(模拟商务谈判、撰写商业计划书等),提升学生的实际应用能力。提升学生沟通交流能力则可以通过多样化的交流平台和互动活动,例如,利用在线讨论区、即时通信工具、视频会议等,促进学生之间、师生之间的互动交流,提高学生的沟通交流能力。

5.素养目标

素养目标指学生通过学习养成的语言学习习惯和人文素养,包括自主学习能力,即学生能够独立制订学习计划,合理安排学习时间,积极利用各种学习资源进行学习;跨文化交际能力,即学生能够具备跨文化意识,能够尊重和理解不同文化背景下的行为和价值观,能够在跨文化交际中表现出宽容和理解;更重要的是终身学习的能力,即学生具备终身学习的意识和能力,能够不断更新和扩展自己的知识和技能,扩充自己的认知结构。

在深度学习视域下,大学英语混合式教学的整体性教学目标设计应遵循以下原则:①系统性原则。教学目标的设计应具有系统性,涵盖知识、能力和素养等各个方面,确保学生的全面发展,因此在设计教学目标时,教师应综合考虑不同层次和类型的学习需求,形成一个有机的整体。②层次性原则。教学目标的设计应具有层次性,体现由易到难、由浅入深的学习过程。而这也是达成深度学习的过程,深度学习本身就是由浅层到深层的过程。因此,在设计知识目标时,可以从基础知识到高级知识逐步递进,而在设计能力目标时,可以从基本语言运用能力到高级思维能力逐步提高。③可测量性原则。教学目标应具有可测量性,确保目标的实现可以通过具体的评价手段进行评估,因此,教师在设计目标时应明确目标的具体表现形式和评价标准,以便于在教学过程中进行有效监控和及时反馈。④适应性原则。具有适应性才意味着教学目标能够根据学生的实际情况和学习需求进行调整,在混合式教学模式下,教学目标的设计应充分考虑学生的个体差异,为学生提供多样化的学习资源和路径,满足不同学生的学习需求。

(二)主体性教学目标设计

在全球化和信息化迅速发展的背景下,英语作为国际通用语言,其教学质量和效果愈发重要。多数大学英语教学传统上以教师为中心,但随着教育理念的不断发展,强调以学生为中心的主体性教学目标设计逐渐成为主流。在这种新模式下,混合式教学结合了在线学习和面对面教学的优点,为学生提供了更灵活和多样的学习方式。主体性教学目标的设计强调学生在学习过程中的主体地位,注重激发学生的学习兴趣和主动性,培养其自主学习能力和创新能力。

在大学英语混合式教学中,主体性教学目标的设计可以围绕以下几个方面展开:①学生的兴趣和需求,教学目标的设计应以学生的需求、兴趣和学习水平为出发点,关注学生的个体差异。在设计主体性教学目标时,需要对学生的需求和兴趣进行充分分析,包括对学生的语言水平、学习风格、兴趣爱好等多方面的了解。可以通过问卷调查、访谈、课堂观察等方式进行。②培养学生的自主学习能力,使学生能够主动探索和掌握知识,为达到这一目标,教师可以允许学生根据自己的兴趣选择学习主题或项目,增强其学习主动性,引导学生制订个人学习计划,培养其时间管理和规划能力,也可以教会学生如何利用各种在线资源进行学习,提高其信息获取和处理能力。③教师要注重培养学生的批判思维,鼓励学生进行批判性思考,质疑和分析所学内容。教师可以设计开放性问题,引导学生进行深度思考和讨论,可以要求学生定期进行学习反思和总结,培养其批判性和反思性思维,也可以通过课堂辩论和小组讨论的方式激发学生的批判性思考和表达能力。④教师应注重学生创造性思维的培养,激发其创新思维,培养学生在语言学习中的创造力。教师可以通过设计实际项目,让学生在完成项目过程中习得创造力和解决问题的能力,可以鼓励学生使用多种形式进行写作,如图文结合、视频制作等,增强学生创造性表达能力,也可以组织各类创新活动,如演讲比赛、英语戏剧表演等,培养学生的创新精神。

主体性教学目标设计旨在让学生在学习过程中感受到学习的意义和价值,从而激发学生的内在学习动机。通过设置与学生实际生活和未来职业相关的教学目标,学生能够更加主动地参与学习,并将所学知识应用于实践。在混合式教学模式下,学生需要具备较强的自主学习能力,以便在课外时间利用在线资源进行学习。主体性教学目标的设计可以通过提供明确的学习方向和可操作的学习任务,帮助学生养成良好的学习习惯,提高学生自主学习能力。主体性教学目标设计强调的是知识的深层理解和应用,鼓励学生在不同情境中灵活运用所学知识,解决实际问题。这不仅有助于学生掌握知识的本质和内在联系,还能提高他们的批判性思维和创新能力。通过以学生为中心的教学目标设计,教师能够更好地了解学生的学习需求和兴趣点,从而提供更有针对性的教学内容和指导,这有助于提高学生的学习效果和学习满意度,进而增强其学习积极性和持久性。在设计大学英语混合式教学的主体性教学目标时,应明确具体,切实可行,并与学生的实际生活和未来职业需求相结合。例如,在英语写作课程中,可以设置"能够撰写专业领域的学术论文"或"能够在会议上进行英语演讲"等具体目标,以提高学生的实际应用能力。

此外,混合式教学模式下,教师要为学生提供多样化的学习资源和活动,以满足不同学生的学习需求,例如,可以通过在线平台提供视频讲解、电子书籍、在线测验等资源,并组织小组讨论、项目合作等活动,促进学生的深度学习。此外,教师在教学过程中应强化过程评价,注重反馈和改进,以帮助学生及时发现和解决学习中的问题,例如可以通过在线平台定期发布作业,并及时反馈学生的学习情况,提供有针对性的指导和建议。另外,主体性教学目标的设计应鼓励学生根据自己的兴趣和需求自主选择学习内容和学习方式,并加强自我管理和自我反思,可以设置一些开放性任务,让学生自主选择题目和研究方向,并定期进行自我评估和反思,以不断提高学习效果。在混合式教学模式下,良好的师生互动和合作关系对于实现主体性教学目标具有重要作用,教师应积极利用在线平台与学生进行交流和互动,及时解答学生的疑问,并鼓励学生之间的合作与交流,以共同提高学习效果。

(三)差异性分级教学目标设计

不同地区经济社会发展水平不同,不同学校的教育资源和教育要求不同,不同专业对于大学英语的要求和标准又存在明显不同,不同班级、不同学生在英语学习上所展现出的能力和需求也存在明显差异,因此在制定大学英语混合式教学目标时要体现差异化。差异化主要是根据学生自身的英语水平,设计和实施不同的教学行为,同时要设定具有差异化的教学目标并开展教学,如此可以促进不同学习能力、不同学习水平的学生的学习潜能得到更充分地发挥,使学生自身的需求和教学目标相适配,有助于教师做出合理的教学安排。深度学习视域下进行大学英语混合式教学的差异性分级教学目标设计时,应遵循一定原则。

1. 差异性分级教学目标设计的原则

(1) 以学生为中心。深度学习更强调学生的主体地位，要求教学目标设计必须充分考虑学生的个体差异和学习需求。混合式教学模式结合线上和线下教学的优势，能够提供丰富的学习资源和灵活的学习方式，便于实施个性化教学。因此，教学目标的设计应以学生为中心，确保每个学生都能在其自身的基础上获得最大的发展。

(2) 深度学习的核心是培养学生的高阶思维能力，包括分析、评价、创造等能力，因此，大学英语教学目标不仅要关注学生语言知识和技能的掌握，还应注重学生批判性思维、问题解决能力和创新能力的培养。[1]

(3) 传统教学往往重视学习结果的评价，而忽视学习过程中的监控与指导。深度学习视域下的教学目标设计应注重学习过程的管理与反馈，通过持续的过程性评价，帮助学生不断反思和调整自己的学习方法，从而提高学习效果。不同学生的知识基础、学习风格和兴趣爱好各不相同，设计教学目标时应考虑到这些差异，提供多样化的学习路径，使每个学生都能找到适合自己的学习方式，实现个性化的发展。在设计差异性分级教学目标时，首先要对学生进行分析，学生的差异性大致体现在语言水平、学习风格、学习动机、认知能力等方面，通过入学测试或诊断性评估，可以了解学生的英语基础水平，包括听、说、读、写各方面的能力。通过学生在学习过程中表现出的不同偏好可以了解学生的学习风格，有的学生擅长自主学习，有的学生则更需要教师的引导和帮助。另外，不同学生学习英语的动机不同，有的是为了学术研究，有的是为了职业发展，还有的是为了个人兴趣。这些动机都会影响他们之后的学习态度和努力程度。此外，不同学生在认知能力上也存在差异，主要表现为对信息的处理速度、理解深度和记忆能力的不同。

根据学生的差异性分析结果，教师可以设计多层次的英语混合式教学目标，每个层次对应不同的学生群体，一般来说可以分为基础层、中间层和高级层。基础层目标主要针对英语基础较弱的学生，教学目标主要是帮助他们打好语言基础，掌握基本的词汇和语法知识，提升听、说、读、写的基本能力。例如，熟练掌握常用英语词汇和基本语法结构，能够进行日常生活中

---

[1] 王博冉、张晶宇、徐彤：《教育4.0框架下大学英语深度学习路径研究》，《大学》2024年第14期，第165—170页。

的简单交流,如自我介绍、购物,能够读懂简单的英语文章和写出简短的英语段落。中间层目标则是针对英语基础较好,但需要进一步提高的学生,教学目标主要是提高他们的语言应用能力和批判性思维能力。例如,掌握学术英语词汇和复杂语法结构,能够就常见话题进行较为流利的交流,表达个人观点,能够阅读和理解中等难度的学术文章,并进行基本的分析和评价,能够写出结构清晰、逻辑严密的学术论文等。高级层目标则是针对英语水平较高、具有较强自主学习能力的学生,教学目标主要是培养他们的创新能力和跨文化交际能力。例如,要求他们熟练掌握专业领域的英语词汇和表达方式,能够就复杂话题进行深入讨论和辩论,具备较强的说服力和表现力,能够阅读和理解高难度的学术论文,并进行深入的批判性分析,能够撰写高质量的学术论文或研究报告,具有较强的创新能力。

2. 差异性分级教学目标设计的实施方法

差异性分级教学目标设计的前提是对学生学习水平的准确评估。教师需要通过多种形式的评估手段,如诊断性测试、课堂观察、学生自评和互评等,全面了解学生的知识基础、学习能力和兴趣爱好。在此基础上,才能制定出符合学生实际情况的差异性教学目标。其次,在设计差异性分级教学目标时,教师需要明确各层次教学目标的具体内涵和要求,不同层次的教学目标应在知识深度、思维能力和应用能力等方面有所区分。低层次目标可以侧重于基础知识的掌握和基本技能的训练,中层次目标可以侧重于知识的理解和简单应用,高层次目标可以侧重于知识的综合运用和创新性思维的培养。各层次目标应层层递进,确保学生在逐级攀升中不断实现深度学习。为实现差异性分级教学目标,教师需要设计多样化的学习任务和活动。这些任务和活动应能够满足不同层次学生的需求,既包括基础性的练习和操作,也包括高级的思维训练和创新项目。例如,可以为低层次学生设计更多的知识复习和基本技能训练任务,为中层次学生设计知识应用和简单问题解决任务,为高层次学生设计综合运用知识解决复杂问题和进行创新思考的任务。通过多样化的任务和活动,学生能够在适合自己的层次上进行深度学习。在差异性分级教学目标设计中,教师需要为学生提供个性化的指导和支持。不同层次的学生在学习过程中会遇到不同的困难和挑战,教师应根据学生的具体情况给予针对性的帮助和指导。例如,可以为低层次学生提供更多的基础知识讲解和操作示范,为中层次学生提供问题解决的思路和方法,为高层次学生提供创新思维的启发和引导。通过个性化的指导和支持,帮助学生克服学习中的困难,实现深度学习的目标。此外,差异性分级教学目标设计的实施需要有效的反馈机制,教师应通过多种途径及时了解学生的学习情况,收集学生对教学目标和任务的反馈意见,并根据反馈意见进行调整和改进。例如,通过课堂讨论、问卷调查、学习日志等方式收集学生的学习体验和感受,通过阶段性测试和考核了解学生的学习效果。通过建立有效的反馈机制,教师可以不断优化差异性分级教学目标设计,确保其有效性和科学性。

3. 差异性分级教学目标设计的意义

差异性分级教学目标的设计可以促进学生的个性化学习,这种教学目标的设计重点在于根据学生的个体差异,设置不同层次的学习目标。因此可以有效促进个性化学习,使每个学生都能得到最大程度的发展。深度学习强调对知识的深层次理解,这种理解需要在学生现有认知水平的基础上进行拓展和深化,通过设计差异性分级教学目标,教师可以为不同层次的学生设定合适的学习挑战,确保每个学生都能在合适的难度下进行深度学习,从而实现个性化发展。当教学目标过于统一时,往往会出现高水平学生感到过于简单而缺乏挑战,低水平学生感到过于困难而丧失信心的情况。差异性分级教学目标设计能够根据学生的实际水平设置适当的学习目标,使每个学生都能够在实现目标的过程中体验到成功的喜悦,从而加强学习动机。深度学习强调内在动机的激发,通过适合学生个体的教学目标设计,可以增强学生的学习动力和兴趣,进一步推动深度学习的实现。深度学习要求学生不仅掌握知识,更要能够应用知识解决实际问题,进行创新思维和批判性思考。差异性分级教学目标设计能够为不同层次的学生提供适合的学习任务和挑战,有助于学生在不同的层次上进行深度学习。通过这种设计,教师可以根据学生的不同需求,提供多样化的学习资源和支持,帮助学生在知识的掌握和应用上实现深度学习的目标。

(四) 多元化分类教学目标设计

在深度学习的框架下,大学英语混合式教学目标设计应涵盖知识、技能和态度三方面,并通过多元化分类实现全面的教育目标。混合式教学结合了传统课堂教学和在线学习的优势,为教学目标的多元化分类提供了更多可能。

在深度学习视域下,大学英语混合式教学目标中多元化分类教学目标设计的重要性不可忽视,教学目标的设计不仅是教学活动的出发点和归宿,而且还是教学评价的依据。[①] 教学目标的科学性和合理性直接影响教学过程的实施效果,尤其是在混合式教学模式下,教学目标的多元化设计显得尤为关键。深度学习强调对学习者认知结构的深度加工和知识的迁移应用。大学英语教学中,学生的英语水平、学习方式和学习需求各不相同,传统的统一教学目标难以满足所有学生的学习需求。多元化分类教学目标设计可以根据学生的不同基础和学习风格,制定不同层次和类型的教学目标,满足个性化学习需求。例如,对于基础较弱的学生,设置基础知识掌握和应用的目标;对于英语水平较高的学生,设置提高语言运用能力和跨文化交际能力的目标。这种分类设计有助于学生在原有基础上实现最大的学习进步。深度学习不仅关注知识的掌握,更关注知识的理解、应用和迁移。多元化分类教学目标设计可以引导学生从不同维度进行知识的深度加工。例如,通过设定知识理解、问题解决、创造性思维等不同层次的目标,促使学生在学习过程中进行多层次、多角度的思考,提升其批判性思维和创新能力。同时,分类目标的设计可以帮助教师更好地引导学生进行知识的内化和迁移,使其在新的情境中应用所学知识,实现真正的深度学习。

另外,混合式教学模式结合了线上教学与线下教学的优势,为学生提供了更为灵活的学习环境。多元化分类教学目标的设计可以帮助教师在不同教学环节中有针对性地设置学习任务和活动,提升教学效率。例如,在线上自主学习阶段,可以设置基础知识掌握和自我检测的目标;在线下互动教学阶段,可以设置合作探究和问题解决的目标。通过这种分类设计,能够有效提升各个教学环节的针对性和有效性,使学生在不同的学习阶段都能够有明确的学习目标和方向。教学评价是教学目标实现的重要反馈机制,多元化分类教学目标的设计可以为教学评价提供科学依据,确保评价的公平性和全面性。例如,通过设定知识掌握、能力发展和素质提升等不同维度的目标,能够多角度、多层次地评价学生的学习成果,避免了单一评价标准的片面性。同时,多元化的评价目标也有助于激发学生的学习动机和兴趣,促进

---

① 程昭玉:《混合式教学模式在英语教学中的实践运用》,《江西电力职业技术学院学报》2021年第7期,第28—29页。

其全面发展。

在进行多元化分类教学目标设计时,首先,教师要明确分类的依据,可以依据学生的学习水平、学习风格、学习需求等进行分类,也可以依据教学内容的特点和教学环节的要求进行分类。例如,可以将教学目标分为知识性目标、技能性目标和情感态度目标,或基础性目标和拓展性目标等,明确分类依据有助于目标设计的科学性和合理性。其次,多元化分类教学目标的设计要注重层次性,确保不同层次目标之间的递进关系和逻辑联系。例如,教师可以根据布鲁姆的教育目标分类理论,将教学目标分为认知、情感和动作技能三个领域,并在每个领域内设定不同层次的目标,如知识记忆、理解应用、分析综合、评价创造等。通过层次性目标设计,可以引导学生逐步提升认知水平和能力水平,促进其全面发展。此外,教学目标的设计不仅要科学合理,还要具有可操作性和可测量性。具体而言,教学目标应当明确、具体、可实现,并且能够通过一定的评价手段进行测量和反馈。例如,在设定语言知识掌握的目标时,可以具体到掌握一定数量的词汇、理解并能运用某些语法规则等;在设定语言运用能力的目标时,可以具体到能够进行日常对话、撰写英语作文等。确保目标的可操作性和可测量性,有助于教学过程的实施和教学效果的评价。

在大学英语教学中,学生的个体差异是不可忽视的事实,因此在进行多元化分类教学目标设计时,要充分考虑学生的多样性和差异性。例如,对于不同学习基础和学习能力的学生,可以设定不同难度和深度的学习目标;对于不同兴趣和需求的学生,可以设定不同方向和侧重点的学习目标。通过关注学生的多样性和差异性,能够更好地满足学生个性化学习需求,提升教学的针对性和有效性。教学目标的设计不是一成不变的,而是需要根据教学过程中的实际情况进行动态调整和不断优化。在混合式教学模式下,教师可以通过线上平台和线下课堂及时收集学生的学习反馈和学习效果,根据反馈信息对教学目标进行调整和优化。例如,如果发现某一阶段的教学目标过高或过低,可以及时进行调整;如果发现某一类目标难以实现或效果不佳,可以进行优化和改进,这有助于提升教学的灵活性和适应性,确保教学过程的高效进行。

二、教学资源设计

(一)深度学习视域下大学英语混合式教学资源设计的理论基础

在教育学领域,深度学习强调对知识的深度理解和应用,关注学生的认知结构、思维能力和创新能力的发展。在大学英语混合式教学中,科学设计教学资源不仅是实现教学目标的重要保障,也是促进深度学习的关键环节。认知负荷理论认为,学习过程中应尽量减少不必要的认知负荷,以便学生能够集中认知资源进行有效学习,因此在混合式教学资源设计中,应注重资源的简洁性和易用性,避免学生在使用资源时受到过多干扰,确保其认知资源主要用于知识的深度加工和理解。建构主义学习理论强调,学生通过主动探索和社会互动建构知识,在混合式教学资源设计中应注重资源的互动性和探索性,通过设计探究活动和协作学习任务,促进学生的主动学习和知识建构。建构主义认为知识是学习者主动建构的过程,而非被动接受,学生通过与学习材料、教师和同伴的互动,不断调整和丰富其认知结构,因此在混合式教学中,教师需要设计有挑战性的问题情境,引导学生进行自主探索和合作学习。多元智能理论则提出,每个学生在不同的智能维度上有不同的优势和潜力,在混合式教学资源设计中应考虑资源的多样性,提供多种形式的学习材料和活动,以满足不同学生的学习需求,促进其全面发展。深度学习强调学生的自我调节能力,包括设定学习目标、监控学习过程、评估学习效果和调整学习策略,因此在混合式教学环境中,教师应提供丰富的学习资源和灵活的学习路径,帮助学生培养自我调节能力。[1] 情境认知理论则强调知识的情境性,即知识的理解和应用必须结合具体情境,因此在大学英语教学中,教师应设计真实的语言使用情境,帮助学生在实际交际中运用语言技能,增强其语言应用能力。

---

[1] 朱燕华:《基于深度学习的高职英语混合教学模式研究与实践》,《武汉职业技术学院学报》2024年第1期,第66—71页。

(二)深度学习视域下大学英语混合式教学资源设计的原则

在深度学习理论框架下,大学英语混合式教学资源的设计应当遵循实用性与真实性原则、学科化与个性化原则、规范化与可扩展性原则、易用性与交互性原则。

1. 实用性与真实性原则

(1)实用性原则强调教学资源应直接服务于学生的学习需求和实际应用能力的培养,教学资源应紧密围绕课程的学习目标和具体任务展开。这些目标应当明确且具有挑战性,使学生在实现目标的过程中经历复杂的认知过程,从而促进深层次的知识理解。例如,针对提高学术写作能力的目标,可以设计涉及文献综述、数据分析与报告撰写等实用任务。实用性原则还要求教学资源中的任务设计应当与真实情境相结合,强调任务的实际应用性。通过模拟真实的交流场景、案例分析和项目式学习等方式,学生可以在实践中运用所学语言知识,提升沟通与解决问题的能力。为提高资源的实用性,教学设计应整合多种形式的资源,如文本资料、视频讲解、互动练习和在线讨论平台等。这些多样化的资源能满足不同学习风格和需求的学生,增强学习的自主性和参与感。

(2)真实性原则主张教学资源应当反映实际生活中的语言使用情况,促进学生在真实语境中进行语言学习和应用。深度学习理论强调知识的迁移和应用,因此真实性原则在大学英语教学中的应用尤为重要,真实的学习情境能帮助学生将语言学习与实际生活相联系,教学资源应尽可能模拟现实生活中的交际场景,如商务会议、学术讨论、社会交往等,使学生能够在具体情境中进行语言练习,这种情境化学习有助于学生理解语言的实际用法和文化背景。另外,教学资源应采用真实的语言材料,如新闻报道、学术论文、演讲视频等,使学生接触地道的语言表达和文化信息,这不仅能增强学习的趣味性,还能提高学生对语言的敏感度和理解力。例如,通过分析英文报刊文章,学生可以学习专业词汇和表达,同时了解国际热点事件和文化背景。此外,真实性原则还体现在交际性任务的设计上,即通过互动活动促进语言应用和交流能力的发展,包括对话练习、小组讨论、角色扮演等形式,鼓励学生在真实或模拟的交际环境中运用语言。通过结合深度学习理论,设计符合实际需求和真实情境的教学资源,可以有效提升学生的语言能力和综合素质,达成更高层次的教学目标。

2. 学科化与个性化原则

深度学习视域下的大学英语混合式教学资源设计既要遵循学科化原则,又要体现个性化原则。学科化原则确保教学资源的科学性和系统性,而个性化原则则关注学习者的个体差异和独特需求。这两种原则在教学资源设计中相辅相成,共同促进学生的深度学习和全面发展。

(1)学科化原则。大学英语混合式教学资源设计必须构建在系统的知识结构和理论框架之上。学科化原则要求教学资源的设计必须遵循大学英语学科自身的知识体系和逻辑结构。英语作为一门语言学科,其知识体系涵盖了听、说、读、写、译五大基本技能,以及词汇、语法、语音等基础知识,因此,教学资源设计应基于这些内容进行系统的组织和安排。通过重构学科知识体系,可以确保学生在学习过程中能够形成完整的英语知识框架,促进深度理解和应用。大学英语教学资源的学科特性还体现在跨文化交际能力的培养、语言应用能力的提高等方面,因此设计教学资源时,需要结合真实情境,提供丰富的语境输入,以帮助学生理解和掌握语言的实际应用。这种设计有助于学生在具体的语言环境中进行深度学习,提升语言运用能力。设计大学英语混合式教学资源时,学术规范的遵循是学科化原则的重要体现,无论是教材的编写、学习任务的设计,还是评估工具的开发,都应遵循科学性、系统性和严谨性的原则,教学内容应基于权威的语言学理论和最新的研究成果,确保资源的科学性和有效性。学科化原则还强调教学内容的系统性,即教学资源应当涵盖大学英语课程的各个方面,并且内容之间具有内在联系和逻辑性,设计教学资源时应当考虑内容的层次性和递进性,确保学生能够从基础知识逐步过渡到复杂的语言运用,从而实现知识的内化和迁移。

(2)个性化原则。个性化原则首先体现在对学习者需求的分析上,大学英语混合式教学资源设计应根据学生的语言水平、学习兴趣、学习能力等因素进行差异化设计,通过精准的需求分析,可以为学生提供个性化的学习内容和任务,满足他们的不同学习需求。自适应学习技术是实现个性化教学的重要工具,通过大数据分析,可以实时监测学生的学习进度和效果,并根据学生的个体差异,动态调整教学内容和策略。大学英语混合式教学资源设计应充分利用自适应学习技术,为学生提供个性化的学习路径和学习建议,提高学习效果。另外,个性化原则还要求提供多样化的学习资源,以满足学生的不同学习偏好和学习风格。例如,在教育材料方面,可以为学生提供丰富的图表、视频等视觉材料和录音、播客等听觉材料。通过多样化的学习资源,学生可以根据自己的学习习惯选择适合的材料,提升学习效果。评估体系是教学资源设计的重要组成部分,个性化评估体系应根据学生的学习目标和需求,设计多维度、多层次的评估工具。例如,可以通过在线测试、作业提交、学习日志等方式,全面评估学生的学习过程和学习效果。同时,评估结果应及时反馈给学生,帮助他们了解自身的学习状况,并进行针对性的改进。个性化原则强调培养学生的自主学习能力,大学英语混合式教学资源设计应注重提供自主学习的机会和工具。例如,可以设计开放性学习任务,鼓励学生进行自主探究和自主实践;提供在线学习平台和学习社区,支持学生进行自主交流和合作学习。通过这些方式,学生可以逐步提高自主学习能力,形成终身学习的意识和习惯。

学科化与个性化原则并非对立,而是相辅相成的。二者的结合,有助于实现教学资源设计的科学性和灵活性,提升教学效果。在大学英语混合式教学资源设计过程中,应注重学科化与个性化的整合与创新。通过整合学科化的系统知识和个性化的学习需求,可以设计出更加符合学生实际情况的教学资源。

3. 规范化与可扩展性原则

大学英语作为一门基础课程,其教学资源的设计直接影响到学生的语言能力和跨文化交流能力。在深度学习视域下,设计大学英语混合式教学资源时要遵循规范化原则和可扩展性原则。

(1)规范化原则。规范化原则要求教学目标应明确,在深度学习视域下,教学目标需要超越传统的知识传授,更多关注学生的高阶思维能力和综合素质的培养。大学英语混合式教学资源应当明确教学目标,例如培养学生的批判性思维和创造性思维,提升学生的自主学习能力和终身学习意识,增强学生的跨文化理解与交流能力。教学资源的内容设计必须系统化,确保知识点的科学性和逻辑性,资源设计应涵盖听、说、读、写四大技能,且相互关联,内容应结合实际应用,突出语言的功能性和实用性。混合式教学模式下,教学资源应包括但不限于文本、音频、视频、交互式练习等形式。资源多样化可以激发学生的学习兴趣,满足不同学生的学习风格和需求。

(2)可扩展性原则。为了更好地适应不同教学环境和学生需求,教学资源设计可以采用模块化结构,模块化设计有助于资源的灵活组合和个性化应用,例如各教学单元之间相对独立,便于教师根据教学进度和学生水平进行调整,模块之间应具备良好的衔接性和过渡性,确保教学的连贯性,设计可选模块,满足学生的兴趣和发展需要,如商务英语、专业英语等专题模块。另外,混合式教学资源应具有良好的兼容性和开放性,确保资源在不同平台和设备上的顺畅运行,并便于扩展和更新,例如采用国际通用的标准和格式,如 SCORM 等,确保资源的可移植性和互操作性,提供开放 API 接口,便于与其他教育系统和工具集成。此外,在设计规范化的资源库后,教学资源也应根据语言发展和教学反馈不断更新和优化,保持其先进性和实用性,可以建立资源维护和更新机制,定期对内容进行审查和改进,可以收集用户反馈,结合最新的教育研究成果,不断提升资源质量。此外,混合式教学应充分利用技术手段,为学生提供个性化学习支持,促进深度学习,例如利用学习分析技术,追踪和分析学生的学习数据,提供定制化的学习路径和建议,设计自适应学习系统,根据学生的学习表现动态调整教学内容和难度,提供丰富的辅助资源,如在线辅导、学习社区、交流平台等,帮助学生进行自主学习和协作学习。[1]

4. 易用性与交互性原则

在教育学领域的深度学习视域下,大学英语混合式教学资源设计的易用性与交互性是提高教学质量和学生学习效果的关键。深度学习强调学生对知识的深层理解和应用能力,这对教学资源的设计提出了更高的要求。

(1)易用性原则。易用性原则指的是教学资源应当简洁明了、便于操作,使学生能够高效地使用这些资源进行学习。教学资源的内容组织应当逻辑清晰,便于学生查找和使用,内容的呈现应当遵循层次性原则,即按照知识的难易程度和逻辑关系逐步展开。例如,大学英语课程可以按照词汇、语法、阅读、写作等模块进行分类,每个模块内再细分为若干子模块,使学生能够循序渐进地进行学习。教学资源的操作应当尽量简便,减少不必要的步骤和复杂的操作,资源的使用说明应当详细明确,确保学生能够迅速上手。例如,在线作业系统应当设计为一键提交、自动保存进度等功能,减少

---

[1] 刘婷婷:《基于 SPOC 的大学英语混合式教学模式初探》,《科学咨询(科技·管理)》2021 年第 10 期,第 242—243 页。

学生因操作失误而丢失数据的风险。为确保教学资源的易用性，提供完善的技术支持是必不可少的，这包括及时的在线帮助、详细的操作指南以及多渠道的技术支持服务。当学生在使用过程中遇到问题时，应能够迅速获得帮助，确保学习的连续性。

（2）交互性原则。交互性原则强调教学资源应当能够激发学生的学习兴趣，促进师生互动和生生互动，提高学习的主动性和参与度。教学资源应当设计多样化的互动形式，满足不同学生的学习需求。例如，可以通过讨论区、在线问答、实时聊天等形式促进学生之间的交流；通过在线测验、互动练习等形式增强学生对知识的掌握；通过视频会议、直播课程等形式实现师生的实时互动。另外，及时反馈是提高学习效果的重要手段，教学资源应当设计完善的反馈机制，使学生能够及时了解自己的学习进度和不足之处。此外，协作学习是提高学生学习效果的重要途径，教学资源应当提供协作学习的工具和平台，促进学生之间的合作与交流。例如，可以通过小组讨论、项目合作等形式，培养学生的团队合作精神和解决问题的能力；通过在线社区、学习小组等平台，构建学习共同体，增强学生的归属感和认同感。交互性不仅表现在师生互动和生生互动上，还包括对学生自主学习的支持，教学资源应当提供丰富的自主学习资源和工具，满足学生个性化的学习需求。例如，提供丰富的电子教材、视频课程、在线词典等资源，帮助学生自主学习；提供个性化学习路径规划和学习进度跟踪工具，帮助学生制订学习计划、监控学习进度。在大学英语混合式教学资源设计中，易用性和交互性并不是相互独立的，而是相辅相成、相互促进的。[①] 高易用性的教学资源能够提高学生的使用效率，降低学习的操作成本，从而为交互性的实现提供保障；高交互性的教学资源能够激发学生的学习兴趣和积极性，促使学生主动使用资源进行学习，从而提升易用性的实际效果。因此，在设计教学资源时，应当综合考虑易用性和交互性，确保二者的有机结合。

（三）深度学习视域下大学英语混合式教学资源设计的目标框架

在当代教育学领域中，深度学习的理念已成为推动教学方法变革的核

[①] 张蕾：《基于混合式教学模式的大学英语教学创新研究》，《现代英语》2022年第24期，第17—20页。

心驱动力之一。大学英语混合式教学资源的设计旨在通过整合线上线下教学资源,促进学生的高阶思维能力和综合素质的发展。大学英语教学不仅是语言技能的传授,更重要的是培养学生的批判性思维、创造性思维和问题解决能力。深度学习视域下的教学资源设计,首先需要明确培养学生高阶思维能力的目标,具体而言,教学资源应包含能够激发学生思考和探索的问题,鼓励他们从多个角度分析问题,提出自己的见解,并通过论证和辩论提升逻辑思维能力。这种资源设计不仅仅局限于教材和教辅资料,还包括各类互动性较强的数字化学习工具,如讨论论坛、在线辩论平台和思维导图软件等。深度学习强调学生在学习过程中的自主性和主动性,混合式教学资源应设计为支持学生根据自己的学习节奏和兴趣进行自主学习。为此,教学资源需要具备高度的灵活性和适应性,提供多样化的学习路径和内容。例如,在线学习平台可以根据学生的学习进度和反馈,动态调整学习资源的难度和内容,确保每个学生都能在适合自己的学习环境中取得最佳的学习效果。此外,丰富的在线资源库,如视频讲解、案例分析、电子图书和学术论文,也为学生提供了更多的选择,使学生能够根据个人需求进行深入学习和研究。

语言学习的最终目的是实际应用,因此,大学英语混合式教学资源的设计必须注重实践应用能力的培养。教学资源应包括大量的真实情景模拟和实践任务,如角色扮演、项目合作、跨文化交流等。这些任务不仅能帮助学生将所学知识应用于实际情境,还能提高他们的沟通能力、团队合作能力和跨文化意识。此外,教学资源还应提供即时反馈机制,通过多种形式的评估和反馈,帮助学生不断反思和改进自己的实践能力。深度学习强调学习共同体的重要性,认为学生在互动与合作中可以更好地构建知识,因此,混合式教学资源的设计应包括促进学生协作学习的元素。例如,在线学习平台可以设置小组讨论区等功能,鼓励学生在共同完成任务的过程中进行知识共享和观点交流,这不仅能增强学生的协作能力和团队意识,还能激发他们的学习动机。此外,元认知能力是深度学习的重要组成部分,指个体对自身认知过程的觉察和调控能力,在设计教学资源时,应注重资源对学生发展元认知能力的作用,通过反思、监控和调整学习策略来提升学习效果。深度学习强调多感官、多模态的学习体验,因此混合式教学资源的设计应整合多种形式的学习材料,如文本、音频、视频、图像和互动媒体等,为学生提供丰富的感官刺激和多样的学习方式。例如,结合视频讲解、音频练习、互动游戏和虚拟现实技术,使学生在多维度的学习环境中获得更深刻的理解和体验,不仅能增强学习的趣味性和吸引力,还能满足不同学习风格和偏好的学生需求。

在设计大学英语混合式教学资源框架之前,首先要进行详细的需求分析。需求分析包括学生的英语水平、学习习惯、课程目标、教学环境以及教学资源的现状等多个方面。通过调查问卷、访谈、数据分析等方法,了解学生的真实需求和学习困惑,为后续的资源设计提供科学依据。之后根据需求分析结果,明确教学目标,目标应符合《大学英语教学指南(2020版)》的要求,涵盖听、说、读、写、译等多方面的能力培养,教学目标应具体、可测量,并能在混合式教学环境中实现。设计教学资源框架时,应选择符合教学目标的教学内容,包括教材、补充材料、多媒体资源等,要注意内容的多样性和层次性,以满足不同水平学生的学习需求。同时,内容应具有实用性和趣味性,能够激发学生的学习兴趣。之后将选定的教学内容进行科学的组织和编排,根据课程进度和学生的认知规律,将内容分为若干模块,每个模块包括若干单元。每个单元应包括明确的学习目标、学习任务和考核标准,要注意模块之间的逻辑关系和连贯性,使学生能够循序渐进地掌握知识和技能。教师可以开发丰富的数字化教学资源,包括微课视频、电子教材、在线测试、学习指南等,数字化资源应具有高质量的制作水平和良好的用户体验,能够适应多种终端设备的使用。另外,也可以将传统的纸质教材、教具等资源进行数字化整合,形成混合式教学资源库,要充分利用现有的优质资源,避免重复开发。通过科学设计和实施大学英语混合式教学资源框架,可以有效提升教学质量,促进学生的英语能力全面发展,满足新时代高等教育改革的要求。

(四)深度学习视域下大学英语混合式教学资源设计的办法

面对来源众多的英语教学资源时,如何确定教学资源来源的确是一个复杂而系统的过程,这个过程需要结合教育理论、学生需求、教学目标和技术手段等多方面内容,以确保教学资源的科学性和有效性。

(1)充分借鉴教育学中的深度学习理论,深度学习强调知识的深度理解和应用能力的培养,这要求教学资源不仅要覆盖基础知识,还需包含大量能够引发思考和深入探讨的内容。根据布鲁姆的教育目标分类理论,教学资源应涵盖从知识记忆到创造性思维的各个层次。因此,资源应包括教材、学术论文、案例分析、互动练习和多媒体材料等,以多样化的形式满足不同层次的学习需求。

(2)参考现有的教学大纲和课程标准,大学英语课程具有明确的教学目标和要求,建设教学资源时应严格按照这些标准进行,资源的选择与课程内容高度一致,才能确保学生可以通过这些资源取得预期的学习效果。同时,也应关注不同院校和教师的具体需求,做到因地制宜,例如,一些院校可能更侧重英语的实用性,而另一些学校则注重学术研究能力的培养,这些都需要在资源选择上有所体现。

(3)广泛搜集各类教学资源,可以通过网络平台、图书馆数据库、教育资源共享平台等途径,搜集国内外权威的英语教学资源。但需要注意的是,要保证资源的权威性和可靠性,优先选择经过学术认证的教材、期刊和论文。同时,教师应积极参与教育资源评估,结合教学实践经验,对资源的适用性和有效性进行严格把关,确保所选资源能够真正促进学生的深度学习。

(4)重视学生的反馈和参与,学生是教学活动的主体,其学习效果和反馈对于资源选择具有重要参考价值。通过问卷调查、课堂讨论、学习日志等多种方式,收集学生对现有教学资源的意见和建议,了解他们在学习过程中遇到的困难和需求,从而有针对性地进行资源调整和优化。这种师生互动不仅有助于提升教学资源的质量,还能增强学生的学习积极性和主动性。在确定教学资源来源时,还需注重资源的多样性和整合性,深度学习需要多角度、多层次的知识输入,单一类型的资源难以满足这一需求。因此,资源建设应涵盖多种形式,如文本、音频、视频、图像、互动软件等,为学生提供全方位的学习体验。同时,要合理整合不同资源,使其在内容上相互补充,在形式上相互协调,从而形成一个系统化、整体化的资源体系。例如,可以将课本知识与实际案例相结合,通过视频讲解和在线讨论深化理解,再通过互动练习巩固知识,从多个维度促进学生的深度学习。

(5)紧跟技术发展,利用现代教育技术提升资源质量,教育技术的发展为教学资源的建设提供了新的手段和工具,如大数据分析、人工智能、虚拟现实等。这些技术不仅可以丰富资源形式,还能提供个性化学习支持,通过这些技术,可以实时监测学生的学习情况,发现学习中的薄弱环节,进而提供针对性的资源推荐和辅导,提升学习效果。

在大学英语混合式教学资源的建设过程中,如何有效地抽取并整合优质教学资源是关键问题,也是难题。首先是数据的收集和预处理。这些教学资源数据包括但不限于教材、学术论文、教学视频、音频、课件、在线课程内容等。这些数据来源可以是公开的教育资源库、学校内部资源、开放课程平台以及教育网站。收集到的数据通常是异构的、非结构化的,此时需要进行预处理。预处理步骤包括数据清洗,去除噪声数据。之后需要将不同格式的数据转换为统一的分析格式,对文本数据进行分词和词性标注,为后续的自然语言处理奠定基础。预处理完成后需要对数据进行特征提取,常用的特征提取方法包括词嵌入、主题模型、特征表示等。之后可以利用模型对提取的特征进行分类,例如教学资源类型分类或内容分类,完成分类后对资源进行标注,包括语法、词汇、阅读、写作等主题标签标注,初级、中级、高级等难度标注,课堂教学、课后练习、考试准备等适用场景标注。在抽取和标注资源后,可以通过系统(如协同过滤、内容推荐等)为学生推荐合适的教学资源。后续需持续优化推荐算法,利用模型的自学习能力,不断调整和改进推荐结果,通过学生反馈和学习效果评价,更新资源库和推荐策略。抽取和优化后的教学资源可以整合到一个统一的平台,便于教师和学生使用,整合过程中需注意资源的组织结构、检索功能和使用便捷性。整合资源后可以通过多种渠道发布教学资源,包括在线学习平台、移动应用、电子书等,确保资源的广泛可及性和易用性。基于深度学习技术的大学英语混合式教学资源抽取方法,能够有效地提升教学资源的质量和使用效率。资源抽取系统的应用有助于构建一个高效、智能、个性化的教学资源体系,促进大学英语教学的革新与发展。

三、教学模式设计

(一)深度学习视域下大学英语混合式教学模式设计理论基础

在教育领域,深度学习与混合式教学的结合为大学英语教学模式提供了创新的理论基础。学科服务理论和嵌入式学科服务的应用使得大学英语混合式教学模式在提高教学效果和学生学习体验方面具有显著优势。学科服务理论强调学科教学不仅是知识传授的过程,更是服务学生学习需求和学术发展的过程。在这一理论基础上,大学英语混合式教学模式不仅关注语言知识和技能的传授,更注重学生在学习过程中的体验和需求。学科服务理论强调以学生为中心的教学设计,这一理念要求教师在课程设计过程中充分考虑学生的学习需求、兴趣和个性化特点。具体到大学英语混合式教学中,教师应利用多样化的教学资源和灵活的教学形式,满足不同学生的学习需求。

在学科服务理论的指导下,大学英语混合式教学模式需要建立多元评价体系,这种评价体系不仅包括传统的笔试和口试,还应包含过程性评价和表现性评价。例如,学生在在线学习平台上的学习记录、参与讨论的活跃度、作业完成情况等都应作为评价的重要内容。通过多元评价,教师可以更全面地了解学生的学习状况,及时调整教学策略,提高教学效果。学科服务理论下,教师的角色从知识传授者转变为学习的促进者和支持者。在混合式教学模式中,教师不仅要设计和组织教学活动,还需关注学生的学习过程,提供个性化的指导和帮助。例如,教师可以通过在线讨论区及时解答学生的疑问,利用技术监控学生的学习进度,针对不同学生的学习需求提供定制化的学习建议。

嵌入式学科服务是学科服务理论的一种具体实现形式,强调教学服务的深度嵌入与教学过程的无缝衔接。嵌入式学科服务要求将教学资源深度嵌入教学过程中,在大学英语混合式教学模式中,教师可以通过在线学习平台将各种教学资源,如课件、视频、音频、电子书、练习题等嵌入课程中。[①] 这些资源不仅为学生提供了多样化的学习材料,还方便学生随时随地进行学习,增强了学习的灵活性和便利性。此外,嵌入式学科服务还强调为学生提供及时有效的教学支持,在混合式教学模式中,教师可以利用在线平台提供多种形式的支持服务,如在线答疑、学习反馈、个性化辅导等,还可以通过社交媒体和即时通信工具与学生保持密切联系,及时解答学生在学习过程中遇到的问题,帮助学生克服学习障碍。

嵌入式学科服务不仅体现在教学资源和支持的嵌入,更体现在学习过程的嵌入。在大学英语混合式教学模式中,教师可以将课前预习、课堂教学和课后复习有机结合,通过在线平台实现学习过程的全程嵌入。例如,学生可以在课前通过在线平台进行预习,课堂上通过互动活动深化理解,课后通过在线练习和测试巩固知识。这样,学生的学习过程在时间和空间上实现了无缝衔接,提高了学习的连贯性和系统性。学科服务理论和嵌入式学科

---

① 贺琛琛:《深度学习视域下大学英语写作教学中线上线下混合教育原则分析》,《齐齐哈尔高等师范专科学校学报》2024年第1期,第145—147,151页。

服务为大学英语混合式教学模式设计提供了理论基础,这些理论强调以学生为中心,注重教学资源、支持和过程的深度嵌入,致力于提高教学效果和学生学习体验。在实际应用中,通过个性化学习路径、多元评价体系、及时有效的教学支持和反馈等手段,大学英语混合式教学模式可以有效实现深度学习的目标,培养学生的自主学习能力和综合语言素养。

(二)深度学习视域下大学英语混合式教学模式的设计目标

在信息技术迅猛发展的今天,高等教育面临着前所未有的机遇与挑战。特别是在大学英语教学中,传统教学模式已无法满足培养创新型人才的需求。因此,构建深度学习视域下的大学英语混合式教学模式显得尤为重要。这种教学模式旨在通过强化学生的中心与主体地位,提升其信息素养和自主学习能力,从而在知识传递与吸收内化过程中,充分利用教学资源,促进学生的全面发展与协作创新能力的提升。具体教学目标应包括通过课程设计和教学活动,增强学生对信息获取、处理与利用的敏感性,使其认识到信息在学习与生活中的重要性。训练学生掌握基本的信息技术工具和方法,提高其在信息搜索、筛选、分析、整合和应用方面的能力。在混合式教学模式中,自主学习能力是学生实现深度学习的关键,提升学生自主学习能力的具体目标包括教授学生有效的学习方法和策略,如时间管理、目标设定、反思性学习等,帮助其在自主学习过程中提高效率。指导学生在课堂内外充分利用各种学习资源,培养其独立解决问题的能力。教学资源的利用是实现深度学习的重要保障,教师需要培养学生搜集和评价教学资源的能力,使其能够辨别资源的质量和适用性。引导学生将所学知识内化,形成稳定的知识结构,并能够灵活运用于实际问题的解决。在课内与课外不同环境中开展基于内容的学习同伴讨论、合作与竞争等协作创新活动,增强学生群体的协作创新能力。

教师在混合式教学模式中扮演着主导角色,其专业素养和教学能力会直接影响教学效果,为了提供更优质的教学服务,需要通过科研、反思和合作,不断提升教师对教学资源的敏感度和利用能力。另外,教师应具备将多种教学资源进行搜集、筛选、存储、加工、整理,并有效整合与传递的能力,创设有益于学生自主成长、协作创新的教学环境,也应根据学生的反馈,及时调整教学内容与方式,确保教学活动能够切实满足学生的需求。知识的吸收与内化是深度学习的核心,要想实现这一目标,教师需要通过多种教学手段和资源保证知识能够最大程度被学生有效地接收和理解,也可以设计多样化的教学活动,帮助学生将知识内化,形成系统的知识结构和应用能力。这种模式不仅有助于学生吸收与内化知识,更能够在教学资源的有效利用和合理评估机制的支持下,推动大学英语教学的全面发展,实现培养创新型人才的教育目标。

(三)深度学习视域下大学英语混合式教学模式主体

深度学习通常被视为学生能够深入理解知识结构、建立知识联结并进行高水平应用的学习模式。大学英语作为一门涉及语言应用、文化理解和跨文化交流的综合课程,其教学设计需要围绕学生这一主体,尤其是在混合式教学模式下更需注重学生的需求与能力发展。[1] 在大学英语混合式教学模式设计中,达成深度学习需要先对学生需求进行详细的调查和分析,可以通过系统的问卷调查、访谈、数据分析等方式深入了解学生的语言基础、兴趣爱好、未来需求,这些信息是教学设计的起点,能够帮助教师针对不同学生的需求,设计个性化的学习内容和活动。需求调查的核心在于识别学生在语言学习中的实际困难和潜在需求,例如,部分学生可能在听说能力上较为薄弱,另一些学生则需要在阅读理解或写作技能方面加强练习。针对这些不同的需求,教师可以设计不同层次和类型的学习任务,并通过线上和线下相结合的形式进行有效实施。

信息素养是学生在深度学习中的关键能力,主要包括信息的获取、评估和应用。大学英语混合式教学模式下,教师应鼓励学生主动搜索和评估各类信息资源,提升他们对信息的鉴别力和批判性思维能力,在这一过程中,学生需要学习如何高效地使用数据库、图书馆资源以及网络平台,找到与学习目标相关的高质量资料。信息整合能力则是指学生具有将多来源的信息进行系统整合,并在学习和实际应用中有效利用的能力。例如,在完成一篇学术写作任务时,学生需要从不同的文献和数据源中提取相关信息,并进行逻辑整合和批判性分析,这种能力不仅有助于学生深入理解所学内容,还能够提升他们的知识应用水平。在混合式教学环境中,数字工具的使用是提升信息素养的重要手段,教师需要指导学生熟练掌握各类学习平台、在线资

---

[1] 周瑞雪:《信息化背景下大学英语多元混合式教学模式改革研究》,《成都航空职业技术学院学报》2023年第3期,第17—20,84页。

源库和语言学习软件,提升他们在数字化环境下的学习能力,这种能力的培养能够帮助学生更好地适应未来的学习和工作环境,形成终身学习的习惯。

深度学习强调知识的应用与创新,而协同创新能力则是实现这一目标的重要途径,大学英语教学应注重学生团队合作意识和技能的培养,通过项目合作、小组讨论和团队任务等方式,促进学生在集体中进行知识分享和共同学习。作为语言学习的一部分,跨文化沟通能力的培养对于协同创新至关重要,通过与不同文化背景的同伴合作,学生可以提升跨文化理解力和沟通技能,这不仅有助于语言能力的提升,还能增强学生的全球视野和国际竞争力。此外,创新思维的培养对学生而言也十分重要,但创新能力的提升需要克服许多困难,教师需要鼓励学生在学习过程中大胆提出新观点和新想法。教师可以设计一些开放性的问题和任务,激发学生的创造力,例如,可以通过组织辩论、角色扮演和模拟谈判等活动,促使学生在实践中锻炼创新思维能力,并在团队合作中进行知识创新。在深度学习视域下,大学英语教学不仅关注学生语言技能的提升,更注重学生综合素质的全面发展。通过信息素养和协同创新能力的培养,学生可以实现知识的内化和技能的提升,从而在学习过程中逐步形成独立思考、批判分析和自主学习的能力。教学设计应注重学生个体的发展需求,帮助他们在语言学习中找到个人兴趣和发展方向,同时,通过团队合作和跨文化交流,学生可以提升社会责任感和团队合作精神,为社会发展做出贡献。深度学习强调学习的可持续性和适应性,通过在混合式教学模式下培养的各种能力,学生不仅能够在大学期间取得优异成绩,还能为未来的终身学习打下坚实基础,具备在不断变化的社会环境中灵活应对和持续发展的能力。

(四)深度学习视域下大学英语混合式教学模式的主导因素

教学模式中的主导因素是教师,在深度学习视域下,教师的发展不仅仅是教学质量提升的保障,更是推动教育改革和创新的重要动力。教师的专业发展包括职业、专业、技能各方面的提升,通过持续不断的反思与知识更新,教师能够保持其专业技能水平与科研水平,这对于设计有效的大学英语混合式教学模式至关重要。在这种教学模式中,教师不再只是传统意义上的知识传递者,而是知识的引导者和协同构建者。教师需要不断地进行学科合作,拓展自身的职业发展空间,才能够有效地融入深度学习的教学模式。深度学习强调学生的主动参与和深入理解,因此教师需要具备跨学科的知识储备和灵活的教学策略，才能设计出符合学生需求的混合式教学方案。通过创造有利于知识协同构建和创新的教学环境，教师不仅促进了学生的全面发展，也提升了自身的职业素养和教学能力。

在混合式教学模式中，教师的教学设计能力至关重要。教师需要根据学生的个性化需求和学习风格，制订灵活多样的教学计划，整合线上与线下的教学资源，构建一个多元化的学习环境。教师需要掌握各种信息技术手段，如在线课程平台、数字化学习资源等，以便更好地支持学生的深度学习。此外，教师在教学实施过程中，需要关注学生的学习进程和效果，及时进行反馈和调整。通过持续的教学反思和改进，教师能够不断优化教学设计，提高教学质量。混合式教学模式要求教师具备较强的组织能力和创新能力，能够灵活运用不同的教学策略，激发学生的学习兴趣和积极性。深度学习视域下的大学英语混合式教学模式，强调教师的持续反思与科研能力提升。教师需要不断反思自己的教学实践，识别教学中的问题和不足，通过科研活动探索有效的教学策略和方法。教师可以通过参加学术会议、发表研究论文等方式，提升自己的科研能力，并将科研成果应用于教学实践中。通过教学反思，教师能够更好地理解学生的学习需求和困难，有针对性地调整教学策略，促进学生的深度学习。科研能力的提升，不仅有助于教师自身的职业发展，还能够推动教育教学的创新，提升整个教育体系的教学质量。

随着信息技术在教育领域的深入发展，教师需要熟练掌握和应用各种信息技术手段，以支持混合式教学模式的实施。信息技术为教师提供了丰富的教学资源和工具，能够帮助教师设计出更加生动、有趣的教学活动，提升学生的学习体验和效果。教师可以利用信息技术进行在线课程设计、虚拟学习环境的构建、学习数据的分析等，从而实现教学模式的创新。深度学习视域下的大学英语混合式教学模式强调学生自主学习能力的培养，教师需要通过科学的教学设计和有效的教学引导，帮助学生发展自主学习的能力。深度学习视域下的混合式教学模式，强调教师与学生之间的互动与合作。教师需要通过多种方式与学生进行有效的沟通和互动，了解学生的学习需求和困难，提供及时的帮助和支持。教师还可以通过组织各种合作学习活动，促进学生之间的互动与合作，增强学生的团队合作能力和问题解决能力。通过教师与学生之间的积极互动和合作，能够营造一个良好的学习氛围，激发学生的学习兴趣和积极性。教师需要不断探索和创新教学方式，增强师生之间的互动和合作，提升教学质量和效果。

深度学习视域下的大学英语混合式教学模式,要求教师具备较高的职业素养和终身学习的理念。教师需要不断学习和更新知识,提升自身的专业素养和教学能力,以适应不断变化的教育环境和学生需求。教师可以通过参加各种培训和学习活动,提升自己的职业素养和教学能力,实现自我提升和职业发展。教师需要树立终身学习的理念,积极参与各种学习和研究活动,不断提升自己的知识水平和教学能力。通过终身学习,教师能够保持教学的前沿性和创新性,为学生提供更高质量的教育服务。在深度学习视域下的大学英语混合式教学模式中,教师在教学环境中扮演着多重角色,承担着重要的责任。

(五)深度学习视域下大学英语混合式教学模式设计的方法

在深度学习视域下,大学英语混合式教学模式的设计需要结合线上和线下空间的优势,充分发挥学生的自主学习能力和深度理解能力,实现知识的内化和应用。

1. 线上教学中使用的方法

在深度学习视角下,线上空间可以提供更丰富的学习资源,这些资源不仅可以根据学生的学习进度和兴趣进行个性化推送,还能帮助学生实现更深层次的知识理解。[①]

(1)可以利用学习管理系统记录学生的学习行为数据,通过分析这些数据,系统会自动为学生推荐适合他们当前水平和兴趣的学习材料,如视频讲解、文章和练习题。

(2)自适应学习平台是基于人工智能技术设计出来的,能够实时分析学生的学习表现,调整学生的学习路径。这种个性化的学习路径设计可以帮助学生在学习过程中不断调整自己的学习策略,从而实现知识的深入掌握和应用。例如,通过自适应平台,学生可以在完成某一模块的学习后,根据系统的评估结果选择进一步学习相关知识,或者进入下一模块。

(3)教师线上教学时应充分利用多样化的互动形式,如在线讨论、互动测验、实时答疑等,促进学生深度思考和知识内化。在线讨论可以激发学生

---

① 王清波:《大学英语线上线下混合教学方法探讨》,《湖北开放职业学院学报》2023年第17期,第170—172页。

的批判性思维和创造性思维,通过互动测验,学生能够即时检测自己的学习效果,并根据反馈调整学习策略,实时答疑则可以帮助学生在学习过程中及时解决疑惑,避免知识点的遗漏。

(4)翻转课堂是线上教学中常用的一种方式,通过将知识传授和知识内化过程分离,学生可以先在课前自行通过观看教学视频、阅读材料等进行知识学习,然后在课堂上进行知识应用和问题讨论,这种模式不仅可以提高课堂教学的效率,还能帮助学生更好地将所学知识与实际应用结合起来,促进深度学习。

(5)教师可以建立虚拟学习社区,为学生提供一个交流和分享的平台,促进学生之间的互动和合作学习。在虚拟社区中,学生可以发布学习心得、提问、解答问题,甚至参与小组项目。这样的社区氛围可以激励学生积极参与,提升他们的学习主动性和深度学习能力。

2. 线下教学中使用的方法

(1)线下教学与线上教学不同,线下应注重问题驱动的课堂讨论,教师可以设计一些开放性问题,鼓励学生在讨论中表达自己的观点,质疑他人的看法,并通过辩论和协作找到问题的解决方案。这种教学方法不仅能够提高学生的批判性思维能力,还能促进他们对知识的深层次理解和应用。

(2)在深度学习视域下,案例教学法是一种非常有效的教学策略,教师可以选择与课程内容相关的实际案例,让学生通过分析和讨论这些案例,理解理论知识的实际应用,案例教学法可以帮助学生将理论与实践相结合,加深学生对知识的理解,培养解决实际问题的能力。

(3)角色扮演和模拟也可以帮助学生提升相应能力,通过这种方式,学生可以在真实或近似真实的情境中应用所学知识,体验不同角色的观点和立场,这种教学方法能够帮助学生在实践中巩固所学知识,提升他们的沟通能力、合作能力和解决问题的能力,从而实现深度学习。

(4)合作学习小组是促进学生深度学习的重要途径,教师可以将学生分成若干小组,每个小组负责一个学习任务或项目,通过团队合作,共同完成学习任务。在这个过程中,学生不仅可以互相学习、互相帮助,还能在合作中培养团队精神和解决问题的能力。

(5)深度学习强调学习过程中的反思和改进,因此,教师应建立有效的反馈与反思机制,通过定期的学习评估和反馈,帮助学生了解自己的学习进展和不足之处。学生在得到反馈后可以进行反思，总结自己的学习经验和教训，调整学习策略，以实现更好的学习效果。

在深度学习视域下，线上和线下教学的结合可以实现"1+1>2"的效果。在混合式教学中，可以将线上资源与线下活动有机结合，如将在线讨论的成果应用于课堂讨论中，或将线下实验的结果上传到线上平台进行分享和讨论，资源整合不仅可以提高教学资源的利用效率，还能帮助学生更好地理解和应用所学知识。混合式教学模式可以通过线上和线下多种途径对学生的学习效果进行全面评估，如在线测试、课堂表现、合作项目等，这种多维评估方法可以帮助教师全面了解学生的学习状况，发现他们在知识掌握和应用中的优点和不足，从而提供更有针对性的教学支持。在混合式教学模式中，教师的角色从知识传授者转变为学习的引导者和支持者，教师需要利用线上平台提供的学习数据，结合线下教学活动，帮助学生进行深度学习。这种角色转变要求教师不仅要具备扎实的专业知识，还要具备一定的技术能力和教学设计能力，以有效利用现代教育技术促进教学效果的提升，满足学生的个性化学习需求，促进学生的全面发展。

四、教学方法设计

（一）分级教学方法

在大学英语混合式教学环境下，如何有效设计分级分类的教学方法，成为当前教育领域的重要研究课题。在深度学习视域下，分级分类教学方法应依据学生的英语水平和学习需求进行科学设计。依据维果茨基的最近发展区理论，教学活动应当在学生的能力范围内，但又具有一定挑战性，才能最大化学生的学习潜能。布鲁姆的教育目标分类理论也指出，教学设计应涵盖认知、情感和动作技能三个领域，为学生提供全面的学习体验。

1. 情景教学法

在低级别英语课堂上，教师应注重情景教学方法的应用，使英语学习更加贴近生活，增强学生的实际应用能力和兴趣。情景教学法以具体生活情景为基础，能够有效激发学生的学习动机和兴趣，提升学生的语言实践能力。例如，在《新视野大学英语读写教程1 教师用书 第4版》中，有一则关于

"现代社会是否过度依赖社交媒体"的材料,这种内容容易引发学生的兴趣,教师可以组织学生进行分组辩论,要求学生事先准备相关材料,通过辩论实现学生间的有效互动与交流。具体教学设计为,教师先设定一个与学生生活密切相关的情景,例如讨论当下热点话题,让学生感到学习内容的实用性。之后将学生分成若干小组,进行小组讨论和辩论,鼓励学生积极发表自己的观点,让学生提前一周准备相关材料,包括查阅资料、整理观点等。然后再在课堂上进行辩论比赛,学生依次阐述自己的观点,进行辩论和互动,教师在过程中进行引导和点评。最后教师对学生的表现进行评价,指出优缺点,并给出改进建议。通过这种方法,学生能够在真实的语言情景中进行学习,提高英语应用能力,培养批判性思维和创造力。

2. 任务型教学法

在中等级别的英语课堂中,教师可以采用任务型教学法,通过完成具体任务来促进学生的语言学习。任务型教学法强调学生的实际操作和应用能力,通过任务设计,使学生在完成任务的过程中自然习得语言技能。具体教学设计为,先根据教学内容设定与学生生活和学习密切相关的任务,如撰写小论文、制作演示文稿等,提前一至两周布置任务,让学生有足够的时间准备,收集相关资料和信息。之后在课堂上由学生分组或个人进行任务展示,如讲解一篇文章的背景知识或作者生平,教师进行引导和评价,任务完成后,教师对学生的任务表现进行详细评价,指出优点和改进方向。这种方法不仅能提高学生的英语能力,还能培养他们的独立学习和研究能力,增强语言运用的实效性。

3. 研究性教学法

在高等级别的英语课堂中,研究性教学法是一个有效的教学方法,这种教学方法注重培养学生的研究能力和学术素养,通过参与课题研究和讨论,提升学生的专业水平和英语应用能力。具体教学设计为,教师根据课程内容选择相关课题,并组织学生成立课题研究小组,进行深入研究,学生在课前准备相关的背景资料、理论知识和研究方法,为课堂讨论做准备。之后在课堂上,学生小组围绕课题进行讨论和交流,分享研究成果和心得。课后,学生要撰写课程报告,总结研究过程和成果,提交给教师进行评审。最后教师对学生的报告进行评价,给出详细的建议,帮助学生进一步完善研究方法。研究性教学法不仅能提高学生的语言能力,还能增强他们的学术研究能力和团队合作精神。

在大学英语混合式教学环境下,分级分类教学方法需要充分利用现代教育技术和资源。通过在线学习平台,学生可以随时随地获取学习资料,进行自主学习和练习。同时,教师可以利用大数据分析技术,对学生的学习情况进行精准分析,提供个性化的教学支持和指导。例如,教师可以利用在线学习平台,发布学习任务和资料,学生可以在平台上进行自主学习和练习;通过数据分析,教师可以了解学生的学习进度和薄弱环节,针对性地调整教学内容和方法。这种分级分类的教学方法,符合当今教育发展的趋势和要求,为大学英语教学的改革与创新提供了理论依据和实践指导。随着教育技术的不断进步和教学理念的不断更新,大学英语教学将会呈现出更加丰富多样的形式和内容,为学生提供更加优质的学习体验和发展机会。

(二) 教学方法的多样性和灵活性

深度学习视域下大学英语混合式教学方法的多样性和灵活性是提升教学效果和满足学生多样性学习需求的重要途径。混合式教学强调将传统课堂教学与现代信息技术相结合,既保留了面对面教学的优势,又充分利用了在线教育的灵活性和资源丰富性。① 在教育领域,深度学习不仅指在认知层面上的深层次理解和知识构建,更强调学生在实际情境中的应用和创新能力的培养。基于此,大学英语教学方法需要在多样性和灵活性上做出深入探索,以适应不同学生的个性化需求和学习风格。教学目标是教学活动的核心,直接决定了教学方法的选择和实施。大学英语教学目标不仅包括语言知识的传授,还涉及语言技能的培养、文化素养的提升和跨文化交际能力的增强。因此,教学目标具有明显的多维性,具体体现在知识目标、技能目标、情感目标、认知目标。

1. 教学方法的多样性

为实现多维目标,大学英语教学需要采取多样性的教学方法,教学方法的选择和组合应基于教学目标的多维性和学生个体差异的多样性。

(1) 传统演练法是目前大学英语教学中最常用的教学方法,通过教师讲

---

① 庞守生:《大学英语线上线下混合教学模式探析》,《现代英语》2023 年第 15 期,第 9—12 页。

解、示范和学生练习的结合,强化语言知识的掌握和应用。教师在课堂上详细讲解语法知识,结合实际案例进行演示,并通过课堂练习和课后作业帮助学生巩固所学内容,这种教学方法适用于基础知识的传授和技能的初步训练,特别是在语法和词汇教学中,效果较为显著。

(2)视听说教学法也是目前较为常用的语言学科教学方法,是利用现代多媒体技术,通过音频、视频和实际语言交流活动,增强学生的听说能力,该方法强调多感官刺激,提高学生的语言感知力和表达能力,适合培养学生的听力和口语能力,尤其是在跨文化交际和实际应用场景中,效果更为突出。

(3)自主学习与合作学习法则是以学生为主体的教学方法,自主学习法注重学生独立完成学习任务,通过自我规划和时间管理,提升自主学习能力,而合作学习法则强调团队协作,通过小组讨论和任务分工,增强学生的合作意识和团队精神,前者适合个性化学习需求强烈的学生,后者则适合团队合作能力的培养和复杂任务的分解与解决。

(4)更有效的教学方法是根据学生的学习特点和教学内容的复杂性,灵活选择和组合各种教学方法,从而最大化教学效果。教师可以结合大班讲授、小班讨论、线上线下相结合等多种方式,因材施教,这种方法适用于多样化学习环境和复杂教学任务,尤其在面对不同学习风格和需求的学生时,效果显著。

2.教学方法的灵活性

深度学习视域下的混合式教学不仅需要方法上的多样化,还要求在教学手段的应用上保持灵活性。

(1)在具体教学过程中,教师可以利用在线资源与平台进行教学,通过慕课、在线学习平台和教学软件等,可以为学生提供丰富的学习资源和个性化学习路径,帮助学生进行深度学习。在大学英语教学中,可以利用慕课、Coursera等平台提供的英语课程资源,结合学校的在线学习管理系统,进行课程内容的拓展和延伸。

(2)教师也可以将面对面教学与在线学习相结合,设计灵活多样的课程模式,如翻转课堂、混合课程等,使学生在课前、课中和课后都能进行高效学习,教师可以在课前提供视频讲解和预习资料,课中进行互动讨论和实践练习,课后通过在线平台进行知识巩固和反馈。

(3)情境化学习与任务驱动可以通过模拟真实情境和设置实际任务,帮助学生将语言知识应用到具体情境中,提高其解决实际问题的能力,教师可以设计如角色扮演、情景对话等活动,结合实际生活和职业场景,使学习过程更具代入感和实践性。

(4)教师可以通过多模态教学与评价提升教学效率,采用多种感官和模式,如文字、图像、音频、视频等,进行知识的传授和评估,全面激发学生的学习潜力,例如教师可以利用多媒体课件、在线测验、视频作业等多种形式,对学生的学习过程和结果进行多角度评价。

(三)网络环境中的英语混合式教学方法

1. 网络环境中的英语混合式教学方法的类型

(1)在深度学习视域下,网络环境中的大学英语混合式教学方法强调通过多种形式和媒介,优化学习体验,提升学生的学习效果。网络环境为大学英语混合式教学提供了丰富的资源和灵活的学习环境。借助互联网,教师可以获得大量的教学资源,如文献资料、音视频材料和在线练习等。这些资源不仅可以帮助学生更好地理解和掌握学习内容,还能激发他们的学习兴趣,增强学习动力。同时,网络环境中的教学平台可以实现课程内容的超文本化,结合文字、音频、视频等多种形式,使得教学内容更加生动形象,有效提升了学生的学习体验。

(2)网络环境中的大学英语混合式教学方法注重学生自主学习能力的培养。网络平台提供了大量的学习资源和工具,使学生能够根据自身的兴趣和需要,自主选择学习内容和学习方式。这种教学模式强调学生的主体地位,鼓励他们主动参与学习过程,培养其独立思考和解决问题的能力。此外,网络平台的实时互动功能,使得学生能够在学习过程中随时与教师和同学进行交流,及时解决学习中的问题,提高学习效果。

(3)网络环境中的大学英语混合式教学方法强调教学过程的个性化和定制化。通过数据分析和人工智能技术,教学平台可以根据学生的学习行为和学习成绩,分析其学习情况和需求,为每位学生量身定制个性化的学习计划和学习内容。这样不仅可以帮助学生更好地理解和掌握学习内容,还能根据学生的实际情况,调整教学策略和教学进度,使其学习效果最大化。

(4)网络环境中的大学英语混合式教学方法还强调教学方式的多样化和灵活性。网络平台提供了丰富的教学工具和手段,如微课、慕课、在线讨论、实时互动等,使得教学形式更加多样化和具有灵活性。教师可以根据教学内容和教学目标,选择最合适的教学方式和工具,优化教学过程,提升教学效果。通过这些多样化的教学方式,学生可以在不同的学习场景中获取知识,全面提升其综合素质和能力。

(5)网络环境中的大学英语混合式教学方法还强调教学评价的全面性和持续性。通过网络平台,教师可以实时监测学生的学习情况和学习效果,及时了解学生的学习进度和学习困难。基于这些数据,教师可以为学生提供个性化的学习指导和帮助,及时调整教学策略和教学内容,提高教学质量和效果。

2. 网络环境中的英语混合式教学方法的特征

(1)在深度学习视域下,网络环境中的大学英语混合式教学方法凸显出多元化与开放性的特点。其核心在于将传统教学模式与现代化信息技术相结合,构建一个既能满足学生个性化需求,又能保证教学质量的学习环境。首先,网络环境为深度学习的实施提供了丰富的资源和工具支持。教师可以根据课程目标和学生的特点,灵活运用各种网络教学资源,如在线课程、数字化教材和多媒体资源等,来优化教学内容。这种资源的多样化不仅拓宽了学生的学习渠道,还促进了他们对知识的深层次理解和应用。其次,混合式教学方法强调教师的主导作用和学生的主体地位。在深度学习的框架下,教师不仅是知识的传递者,更是学生学习过程中的引导者和支持者。通过网络平台,教师可以实时监控学生的学习进度,分析他们的学习数据,了解他们的学习困惑,并提供针对性的指导和反馈。此外,教师还可以通过在线讨论和虚拟课堂,鼓励学生进行自主探究和合作学习,培养他们的团队合作精神和问题解决能力。

(2)网络环境中的大学英语教学不仅注重知识的传授,更强调能力的培养。深度学习强调通过复杂的任务和真实的问题情境,使学生能够进行知识的迁移和应用,在这种教学模式下,教师可以设计基于真实情境的学习任务,鼓励学生利用网络资源进行探究和实践。[①] 例如,通过案例分析等方法,让学生在模拟的真实环境中进行语言应用,提高他们的实际语言运用能力

---

① 孙艳婷、曲丽丽:《基于深度学习的大学英语智慧课堂构建与应用效果评估研究》,《中国多媒体与网络教学学报(中旬刊)》2022年第10期,第9—12页。

和综合素养。

(3)多媒体网络环境的利用使得教学方法更加灵活和高效。教师可以运用多媒体技术制作和展示教学内容,提升课堂的互动性和趣味性。同时,学生也可以通过网络平台进行自主学习和资源共享,提高学习的主动性。

3. 网络环境中的英语混合式教学方法的有效实施

在大学英语教学中,运用深度学习理论可以有效提升学生的语言综合能力和跨文化交流能力。

(1)网络环境中的大学英语混合式教学需要充分利用网络技术的优势,创建丰富的多媒体教学资源。首先,在课程设计中,教师应当通过网络平台提供多样化的学习材料,如视频讲解、在线讨论、虚拟模拟等,以满足不同学习者的需求。同时,教师还应注意利用网络平台的交互功能,鼓励学生参与在线讨论和合作学习,形成一个开放、互动的学习环境。其次,在混合式教学中,教师应注重教学内容的设计与组织,结合网络环境的特点,制定科学合理的教学计划和学习任务。通过网络平台,教师可以进行实时在线教学,利用多媒体手段进行生动直观的教学展示,帮助学生更好地理解学习内容。最后,在教学活动设计方面,教师应当注重培养学生的自主学习能力和合作学习能力。通过网络平台,教师可以设计各种任务驱动型的学习活动,如小组讨论、项目研究等,鼓励学生自主探索和解决问题。此外,教师还可以利用网络平台的记录功能,跟踪学生的学习过程和学习成果,为每个学生提供个性化的学习支持和指导。

(2)在课程评价方面,网络环境中的大学英语混合式教学应当建立科学的评价体系,综合运用形成性评价和终结性评价,对学生的学习过程和学习效果进行全面评价。形成性评价可以通过在线测验、课堂表现、学习日志等形式进行,帮助教师了解学生的学习进展和存在的问题,及时调整教学策略和方法。终结性评价则可以通过期末考试、项目报告等形式进行,对学生的学习成果进行全面考核,确保教学目标的实现。

总而言之,网络环境中的大学英语混合式教学方法在深度学习视域下,强调以学生为中心,通过多样化的教学资源和互动教学活动,提升学生的语言综合能力和跨文化交流能力。通过科学的课程设计和评价体系,教师可以充分利用网络技术的优势,推动教学质量的提高,实现教学目标的全面落实。

五、教学组织形式设计

在深度学习视域下,大学英语混合式教学组织形式的设计需要在教育学理论的指导下,结合现代教育技术与教学理念,构建起一个综合化、个性化的教学体系。

(一)合理安排线上与线下的教学活动

深度学习强调学生在学习过程中对知识的深层理解和灵活应用,其目的不仅在于信息的记忆和理解,更注重知识的内化和创造性运用。因此,在大学英语教学中,混合式教学组织形式必须有效融合线上和线下资源,为学生提供一个多元化的学习环境,促进其英语能力的全面发展。在具体设计中,首先要明确混合式教学的目标不仅是语言知识的传授,更是培养学生的跨文化交际能力、批判性思维能力和自主学习能力。因此,教学设计应围绕这些目标展开,合理安排线上与线下的教学活动。在线下课堂,教师可以通过讲授、讨论、角色扮演等方式,强化学生的语言输入和交际能力训练;而在线上教学中,则可借助多种媒体资源,如视频、音频、互动课件等,增强学习的互动性和趣味性。

(二)个性化设计教学内容

在教学内容上,混合式教学应根据学生的需求和兴趣进行个性化设计。具体而言,可以根据学生的英语水平和学习需求,提供不同层次和类型的学习材料,如基本语法知识、实用交际技能、学术英语等。这不仅能满足不同学生的学习需求,也能在内容上体现教学的多样性和个性化,促进学生在英语学习中形成深度的认知理解和应用能力。此外,教学组织形式的设计还需充分考虑学生的个体差异性和学习节奏。在混合式教学中,学生可以根据自身的学习进度和兴趣选择学习内容和学习时间。这种灵活性和自主性可以极大地激发学生的学习动力,提高学习效果。同时,教师应定期进行学习效果评估,及时调整教学策略和内容,确保每个学生都能在适应自身节奏的情况下,达到最佳的学习效果。在师生互动方面,混合式教学组织形式应注重建立有效的沟通和反馈机制。教师可以通过在线讨论区、学习平台的即时通信工具等,与学生保持密切的交流,了解学生的学习进展和困难,提供针对性的指导和帮助。同时,教师还可以通过线上测试和线下辅导,及时反馈学生的学习情况,帮助其改进学习策略和方法。

(三)深入理解和实施个性化教学

在深度学习视域下,大学英语混合式教学组织形式设计的综合化主要体现在对个性化教学的深入理解和实施。分级分类教学这一理念是其核心,强调"以人为本"和"以学生为中心"的教育理念,致力于尊重学生的个性差异和学习需求。通过对学生的学业特点和学习需求进行细致的分级测试和调查研究,打破传统的班级界限,重新按学习能力和目标进行班级编排,从而实现因材施教的目标。在具体实施中,针对不同水平的学生,教学应当重点突出,采取差异化的教学目标和方法,以确保每个学生都能在适合自己的节奏中学习。通过动态管理机制,及时调整教学内容和方法,关注学生的个性发展,满足不同层次学生的学习需求。在这种机制下,教师不仅需要明确教学目标,还需要不断适应学生的学习能力,进一步提高教学效率和学生的学习动机。随着信息技术的发展,"互联网+"的教学方式逐渐在大学英语教学中占据主导地位。通过大数据和网络资源的共享,教师可以更精准地把握学生的学习进度和需求,从而提供个性化的教学服务。这种教学方式不仅能够实现资源的最大化利用,还能通过网络交互性实现即时反馈,促进师生之间的互动,提升教学效果。通过这些手段,才能真正实现以学生为中心的教学理念,推动大学英语教学模式的变革和发展。

(四)创新教育技术、优化教学管理

在深度学习视域下,大学英语混合式教学组织形式的综合化探索主要聚焦于通过教育技术的创新与教学管理的优化,实现更高效、更个性化的教学模式。在深度学习视域下,个性化学习路径的设计是混合式教学组织形式的重要组成部分。教育技术的进步使得基于学生个人特点的数据收集与分析变得可行。通过对学生语言能力、学习习惯、知识掌握情况等数据的深度分析,可以设计出与学生需求高度匹配的学习路径。智能算法可以推荐适合不同学生的学习材料和任务,确保每个学生都能在合适的挑战水平上进行学习,促进其语言能力的全面提升。移动互联网的普及使得学习环境不再局限于传统教室,而是延伸至任何具备网络连接的场所。这种学习环境的虚拟化和灵活化,极大地丰富了大学英语教学的组织形式。在深度学习框架下,学生能够随时随地通过智能终端设备进行学习活动,如在线讨论、语言练习、视频会议等。这种形式突破了时间和空间的限制,使得教学组织更加灵活和多样化,有利于培养学生的自主学习能力和自我管理能力。

(五)充分利用互联网技术、全方位优化教学过程

移动互联网技术可以为学生提供丰富多样的学习资源,包括多媒体教材、互动练习、虚拟实验室等。教师可以根据学生的学习进度和反馈,不断调整和更新教学内容,确保教学资源能够及时反映最新的学术动态和语言应用情境。在深度学习视域下,教师不再是知识的唯一传授者,而是学习的引导者和促进者。移动互联网技术为教师提供了更多的工具和平台,以便于进行教学设计、学习分析和个性化指导。教师需要不断提升自身的信息技术应用能力和教育数据分析能力,才能有效运用深度学习理论指导教学实践,优化教学组织形式。教师角色的转变也要求教学管理者在培训和支持方面提供更多的资源和机会,促进教师的专业发展。移动互联网技术提供了多种学习评价工具,如在线测评系统、学习分析平台等,可以实现对学生学习过程和学习效果的全面监控。评价内容不仅包括语言知识和技能的掌握情况,还涵盖学生在真实情景中的语言应用能力、问题解决能力和创新思维。多维度的学习评价能够更全面地反映学生的学习成果,有助于教师进行有效的教学调整和个性化指导。移动互联网技术的发展使得教学管理变得更加精细化和智能化。深度学习理论为教学管理提供了科学的依据,通过对教学数据的深入分析,管理者可以更精准地了解教学现状和学生需求,制定更加合理的教学计划和管理策略。[①] 智能化的教学管理平台可以实现教学过程的全方位监控和优化,提高教学管理的效率和质量,确保混合式教学组织形式的有效实施和持续改进。

---

① 丁明杰:《深度学习视角下大学英语视听说智慧课堂教学模式研究》,《中国医学教育技术》2022 年第 4 期,第 438—441,448 页。

六、教学管理设计

(一)教学目标管理设计

深度学习强调学生知识的内化与应用能力的提升,促使其在复杂的实际情境中形成解决问题的综合能力。结合混合式教学,可以更好地实现大学英语教学目标的层次化、个性化和校本化管理,从而满足学生、学校和社会的多重需求。

1. 基础目标管理

基础目标管理需要注重对学生英语基本应用能力的培养。对于非英语专业的学生而言,掌握基本的听、说、读、写能力是首要任务。在深度学习视域下,这一目标不仅要求学生具备一定的语言知识,还需要能够将其应用于日常生活和未来职业中的实际情境。混合式教学模式通过线上与线下相结合的方式,提供了丰富的学习资源和灵活的学习方式,使学生能够根据个人需求进行自主学习,逐步提高其英语应用能力。

2. 提高目标管理

提高目标管理针对英语基础较好且对语言能力有更高需求的学生。这一层级的目标不仅局限于基本技能的掌握,更强调跨文化交际能力的提升。深度学习视域下的混合式教学强调通过多样化的学习情境和任务设计,让学生在语言学习的过程中接触和理解不同的文化背景和思维方式。

3. 发展目标管理

发展目标管理主要面向具有更大学习潜力和特殊人才培养需求的学生。对于这些学生,大学英语教学不仅要满足他们当前的学习需求,还需要为其未来的学术研究和职业发展提供坚实的语言基础。在深度学习视域下,这一目标强调通过高水平的语言输入和输出任务,促进学生对语言的深层理解和应用。例如,通过设计高难度的翻译、写作和研究项目,学生可以在实际任务中不断挑战自我,提升其语言综合应用能力和专业水平。混合式教学模式提供了个性化的学习路径和多样化的学习资源,使学生能够在自主学习和教师指导的双重支持下,不断探索和提升自己的语言能力。

(二)教学过程管理设计

现代教育体系中的教学管理模式强调对教学过程的全面控制和有效管理,以确保教学质量的提升和教育目标的实现。在这一过程中,教师需要转变传统的教学观念,从结果导向转向过程导向,注重对教学活动的各个环节进行科学设计和管理。大学英语教学过程管理需要基于教学活动的"七要素"进行全面设计。这七个要素包括学生、目的、课程、方法、环境、反馈和教师。这些要素不仅是教学活动的基础构成部分,更是实现教学目标的重要支撑。在深度学习视域下,教师需要通过多元化的教学手段和科学化的教学设计,确保每个要素在教学过程中得到充分的重视和应用,从而有效提升学生的学习效果。在具体实施过程中,教师应依据《大学英语课程教学要求》,对教学管理中的各个要素进行分类和优化。这种分类管理的目的在于促进教师教学能力的发展,使其从传统的"主导者"角色向"组织者"角色转变,更好地服务于学生主体地位的实现。通过科学的教学管理设计,教师不仅能够提高自身的教学能力,还可以通过与学生的互动,了解学生的学习需求和反馈,从而进一步优化教学过程。在大学英语混合式教学中,教师需要灵活运用多种资源和技术手段,以解决教学过程中遇到的各种问题。例如,教师可以通过在线资源和工具,实现对课堂教学的延伸和补充,使学生能够在课外进行更加深入的学习和思考。同时,教师还应重视教学环境的优化,通过创设适宜的学习氛围,增强学生的学习兴趣和主动性。

总而言之,在深度学习视域下,大学英语混合式教学过程管理需要从教学过程的全面控制和有效管理入手,注重教学活动的各个环节和要素的优化和管理。通过科学合理的教学设计和管理,教师不仅能够提高自身的教学能力和教学质量,还能够更好地服务于学生的学习需求,帮助学生实现全面的发展和提升。这种教学管理模式不仅适应了现代教育的发展趋势,也为实现高质量的大学英语教育提供了有力保障。

(三)教学环境管理设计

深度学习视域下大学英语的混合式教学环境管理应更加注重对教学环境的优化和合理利用,以提升教学质量和学生学习效果。

1.教学硬环境的管理

教学硬环境的管理是一个不可忽视的方面,硬件设施的管理和维护直接影响到混合式教学的实施效果。学校应加强语言实验室、网络自主学习中心等设施的建设与管理,为学生提供稳定、可靠的学习环境。同时,学校需要定期更新和升级教学设备,以适应不断变化的技术和教学需求。合理规划和配置教学资源,确保硬件设施的有效利用,是教学环境管理的重要任务。在教学硬环境的管理中,学校管理者需要制定详细的规章制度,明确设备的使用流程和维护要求。教师和学生应积极参与设备的维护和使用,确保资源的最大化利用。同时,应加强对教学设备和资源的动态管理,通过定期评估和反馈机制,不断优化教学硬件设施的配置和使用效率。这不仅有助于提高教学效果,还可以为学生提供更多的个性化学习机会,促进其全面发展。

2. 教学软环境的管理

在深度学习的框架下,教学软环境的管理尤为重要。学校应通过多种途径,提升教师的教学能力和专业素养,鼓励教师采用多样化的教学方法,以适应不同学生的学习需求。教师在教学过程中应关注学生的个体差异,提供个性化的指导和支持,帮助学生实现最佳的学习效果。同时,学校应注重创建和谐的学习氛围,鼓励学生之间的合作与交流,培养其自主学习能力和创新思维。为了有效管理教学软环境,学校可以采取多种措施,如定期组织教师培训,提升其对深度学习和混合式教学的理解与应用能力;建立学生反馈机制,收集学生对教学环境和教学方法的意见和建议,并进行相应的调整和改进。此外,学校应加强师生关系的管理和维护,营造尊重、信任和合作的学习氛围,促进师生之间的良性互动。在具体实施过程中,学校应充分利用先进的信息技术,搭建高效的网络教学平台和资源共享系统,为师生提供便利的学习和交流渠道。通过构建完善的教学软环境,支持学生的个性化学习需求,提高学习效率和质量,实现大学英语教学的创新与突破。

总体而言,在深度学习视域下,大学英语混合式教学环境管理应围绕硬件设施和软环境建设两个方面,通过科学规划、合理配置和有效管理,不断提升教学质量,促进学生的全面发展和个性化成长。

第五章

深度学习视域下大学英语混合式教学的基本要求

一、对教师的基本要求

(一)大学英语教师应具备正确的理想信念

1. 理想信念的重要性

(1)教师职业的责任与使命。教师职业不仅仅是传授知识,更是一项承载了责任与使命的崇高职业。教师被赋予了培养学生的重任,不仅要在学术上启迪学生,还要在道德和精神上引导学生。这种责任和使命在深度学习视域下的大学英语混合式教学中格外重要。

首先,教师需要明确自己的责任。教育不仅仅是传授知识的过程,更是帮助学生构建知识体系、发展批判性思维和自主学习能力的过程。在深度学习视域下,教师需要利用先进的技术手段和丰富的数字资源,为学生创造互动性更强、更加个性化的学习环境。例如,通过自然语言处理技术和智能推荐系统,教师可以为学生提供个性化的学习材料和实时反馈,从而更好地满足学生的学习需求。

其次,教师还需要认识到自己的使命。教师的使命不仅在于传授知识,更在于培养学生的综合素质和能力。深度学习技术的引入,使得混合式教学模式更加丰富多样,教师可以通过多种教学手段和方法,帮助学生全面发展。[1]例如,教师可以利用深度学习技术分析学生的学习数据,了解学生的

---

[1] 王蓓、杨燕飞、李璐璐:《促进深度学习的大学英语PBL教学模式的应用研究》,《教育教学论坛》2022年第29期,第153—156页。

学习习惯和薄弱环节,从而制定有针对性的教学方案,帮助学生提高学习效果。在教学过程中,教师应积极引导学生树立正确的价值观和世界观,帮助学生全面发展和成长。只有这样,才能更好地发挥深度学习技术的优势,提升大学英语混合式教学的效果,培养出更多高素质的复合型人才。

(2)理想信念对教学效果的影响。在深度学习视域下,大学英语教师的理想信念对教学效果有着长远的影响。理想信念不仅决定了教师的教学态度和方法,也直接影响到学生的学习动机和效果。以下从几个方面详细探讨理想信念对教学效果的影响。

一是理想信念的引导作用。教师的理想信念为教学指明了方向。教师只有具备正确的理想信念,才能在教学中始终坚持正确的教育价值观和教育目标。深度学习视域下,教师需要利用各种技术手段实现教学目标,但其核心仍然是育人。例如,通过深度学习方式,教师可以分析学生的学习数据,识别个体差异,制订个性化的教学计划。这种技术的应用需要教师具有坚定的教育信念,才能真正实现因材施教,提升学生的学习效果。

二是理想信念的激励作用。教师的理想信念对学生的学习动机有激励作用。学生在学习过程中,往往会受到教师态度和行为的影响。具有积极理想信念的教师,能够以饱满的热情和积极的态度面对教学,感染和激励学生。

三是理想信念的指导作用。教师的理想信念对教学方法和策略具有指导作用。具有正确理想信念的教师,会不断探索和应用先进的教学方法,提升教学质量。深度学习技术的应用,使得教学方法更加多样化和智能化。

四是理想信念的持续影响。教师的理想信念对学生的长期发展具有持续影响。教师不仅是知识的传授者,更是学生成长道路上的引路人。深度学习视域下的大学英语混合式教学,强调教师在教学过程中对学生综合素质的培养。具有正确理想信念的教师,会关注学生的全面发展,培养学生的自主学习能力和创新思维。

五是理想信念的示范作用。教师的理想信念还具有示范作用。教师的一言一行对学生具有潜移默化的影响,教师的理想信念会通过日常教学行为传递给学生。例如,教师在教学过程中体现出的责任感、敬业精神和积极态度,都会对学生产生深远的影响。深度学习视域下,教师利用先进技术手段进行教学,更需要以身作则,树立榜样。教师可以通过积极参与教学改革、不断学习新技术和新方法,展示终身学习的精神,从而激励学生不断追求进步和创新。

六是理想信念的支持作用。在面对教学中的挑战和困难时,教师的理想信念起着重要的支持作用。教学过程并非一帆风顺,教师会遇到各种困难和挑战,如学生的学习困难、教学资源的限制、技术应用的不熟悉等。具有坚定理想信念的教师,能够在困难面前保持积极心态,坚持不懈地探索解决问题的方法。深度学习技术的应用,需要教师不断学习和适应新的教学环境和工具,理想信念可以帮助教师保持动力和信心,克服困难,提升教学效果。

综上所述,教师的理想信念对教学效果具有综合性的影响。在深度学习视域下,教师的理想信念不仅引导和激励着学生,也直接影响着教学方法和策略的实施,并对学生的长期发展产生深远的影响。教师需要不断坚定和提升自己的理想信念,在教学中注入更多的人文关怀和创新精神,通过深度学习技术的应用,提升大学英语混合式教学的效果,培养具有创新能力和综合素质的优秀人才。

2. 理想信念的培养途径

(1)终身学习理念的树立。在深度学习视域下,大学英语教师要不断提升自身的专业素养和教学能力,应当树立终身学习的理念。终身学习不仅是现代社会发展的需要,更是教师职业发展的必然选择。

第一,终身学习是教师专业发展的基石。教师需要不断更新自己的知识体系和教学方法,以适应不断变化的教育环境和学生需求。深度学习技术的发展,使得教育资源和学习工具更加丰富多样,教师可以利用在线学习平台、虚拟实验室和在线图书馆等资源,随时随地进行学习和研究。例如,教师可以通过MOOC(大规模在线开放课程)学习最新的教育理论和教学方法,提升自己的专业水平。通过持续的学习和培训,教师能够掌握前沿的教学理念和技术手段,从而在教学实践中灵活运用这些新知识和新方法。

第二,终身学习有助于教师保持教学的创新性和前沿性。在深度学习视域下,教育技术日新月异,教师需要不断学习和掌握新技术,才能在教学中灵活运用。例如,教师可以学习如何使用人工智能技术进行教学数据分析,从而了解学生的学习情况,制订个性化的教学方案。此外,教师还可以学习如何利用虚拟现实技术创设沉浸式学习环境,提高学生的学习兴趣和效果。通过不断学习,教师能够在教学中引入新的元素和方法,激发学生的学习兴趣,提升教学效果。

第三,终身学习可以帮助教师提升自身的科研能力。在高等教育中,教学与科研密不可分。教师不仅要传授知识,还要进行科学研究,不断探索新的知识领域和教学方法。通过终身学习,教师可以掌握最新的科研动态和研究方法,提高科研水平和学术影响力。例如,教师可以参加专业学术会议,与同行交流和分享研究成果,从而不断拓宽自己的学术视野。通过阅读最新的学术论文和专著,教师能够及时了解学科前沿的发展动态,并将这些新知识融入自己的教学和科研中。因此,学校和教育机构理应为教师的终身学习提供必要的支持和保障,帮助教师在专业发展道路上不断前进。

(2)教育使命感的强化。英语教师不仅需要传授知识,更需要育人。只有具备强烈的教育使命感,教师才能真正投入教学工作中,关心每一个学生的成长和发展。深度学习技术的应用,使得教育过程更加个性化和多样化,教师需要根据每个学生的特点和需求,设计并实施相应的教学方案。只有具备强烈的教育使命感,教师才能在繁忙的教学工作中保持积极的态度,不断探索和尝试新的教学方法,提高教学效果。教师的教育观念还直接影响着教学的内容和方法。强化教育使命感,可以帮助教师树立"以学生为中心"的教育理念,关注学生的全面发展和个性化需求。在深度学习视域下,教师不仅要教授语言知识,还要培养学生的批判性思维、创新能力和跨文化交际能力。因此,教师需要不断更新教育观念,结合深度学习技术的优势,探索和实践新的教学模式,促进学生的全面发展。

教育使命感还能够增强教师的专业发展动力。教师的专业发展不仅需要外部的支持,更需要内在的动力。具备强烈的教育使命感,教师会自觉地进行专业学习和能力提升,积极参加各类培训和学术交流活动,不断增强自己的知识储备和教学技能。在深度学习技术的支持下,教师可以通过在线学习平台和专业社区,与国内外同行进行交流与合作,获取最新的教育资讯和研究成果,提高自身的专业水平。

为了强化教师的教育使命感,学校和教育机构应提供必要的支持和保障。例如,学校可以通过举办教育思想和职业道德培训,帮助教师树立正确的教育观念和职业理想。学校还可以通过设立优秀教师奖、教学成果奖等激励措施,表彰和奖励在教学工作中表现突出的教师,激发教师的教育热情和责任感。此外,学校还应关注教师的工作和生活条件,提供良好的工作环境和福利待遇,帮助教师解决实际困难,让教师能够安心从教、专心育人。

3. 理想信念与深度学习的结合

在深度学习视域下,大学英语教师的理想信念与深度学习技术的结合,是提升教学效果和促进学生全面发展的关键。

(1)理想信念为深度学习技术的应用提供了精神动力。大学英语教师要具备坚定的理想信念,才能充分利用深度学习技术,推动教学创新和改革。教师在教学过程中,要秉持"以学生为中心"的教育理念,通过深度学习技术实现个性化教学。例如,教师可以利用 AI 智能教学系统,根据学生的学习进度和特点,提供个性化的学习资源和建议,从而提高教学的针对性和有效性。

(2)理想信念与深度学习技术结合,有助于提升教师的教学能力和水平。深度学习技术的发展,使得教师能够更全面地了解学生的学习过程和效果,从而及时调整教学策略。例如,教师可以通过学习分析工具,实时监测学生的学习数据,了解他们的学习进度和困难,及时给予指导和帮助。具备正确理想信念的教师,会积极探索和应用这些新技术,提升自己的教学能力和水平,促进学生的全面发展。

(3)理想信念与深度学习技术结合,可以促进教师的专业成长。深度学习技术为教师提供了丰富的学习资源和交流平台,教师可以通过在线课程、学术会议和专业社区,与国内外同行进行交流与合作,获取最新的教育资讯和研究成果。例如,教师可以通过在线学习平台,参加教育技术和教学方法的培训,不断提升自己的专业素养和教学技能。具备坚定理想信念的教师,会主动利用这些资源进行学习和提升,不断推动自身的专业成长。

(4)理想信念与深度学习技术结合,有助于教师在教学中践行教育使命。教师要通过教学培养学生的批判性思维、创新能力和跨文化交际能力,而深度学习技术可以为这些目标的实现提供有力支持。例如,教师可以利用虚拟现实技术,创设真实的语言环境,帮助学生进行沉浸式学习,提升他们的语言应用能力和跨文化交际能力。具备正确理想信念的教师,会在教学中充分发挥深度学习技术的优势,帮助学生实现全面发展。

(二)大学英语教师应具备扎实的专业知识

1. 深度学习的基础知识

在深度学习视域下,大学英语教师不仅需要具备扎实的专业知识,还要了解深度学习的基本概念和原理,以便在教学中有效应用这些先进技术。深度学习是一种机器学习的分支,它利用多层神经网络模拟人脑的工作机制,从大量数据中自动提取特征和规律,实现数据的自动分析和预测。①

(1)深度学习的基本概念和原理。

第一,深度学习的核心是神经网络。神经网络由多个层次的神经元组成,包括输入层、隐藏层和输出层。输入层接收原始数据,隐藏层通过权重和激活函数进行非线性变换,逐层提取数据的高级特征,输出层生成最终的预测结果。多层神经网络可以通过反向传播算法进行训练,逐步调整网络中的权重,以最小化预测误差,提高模型的准确性。

第二,深度学习的训练过程需要大量数据和强大的计算能力。通过大量数据的训练,深度学习模型能够自动学习数据中的复杂模式和结构,生成高精度的预测结果。例如,在自然语言处理领域,深度学习模型可以通过大量的语料库训练,自动学习语言的语法、语义和上下文关系,实现自动翻译、文本分类等任务。

第三,深度学习技术在教育领域具有广泛的应用前景。大学英语教师可以利用深度学习技术开发智能教学系统,提供个性化的学习建议和反馈。例如,通过分析学生的学习数据,深度学习模型可以识别学生的知识盲点,推荐相应的学习资源和练习题,帮助学生有针对性地提高学习效果。此外,深度学习技术还可以用于自动评分、智能辅导和语音识别等领域,提高教学效率和质量。

(2)大学英语教师充分应用深度学习技术。了解深度学习的基本概念和原理,可以帮助大学英语教师更好地理解和应用这些技术,在教学中实现精准教学和个性化教学。教师需要掌握基本的深度学习知识,如神经网络结构、训练算法、激活函数等,了解如何利用这些技术进行数据分析和建模。

---

① 王静、刘晶波:《指向深度学习的项目式学习法在大学英语教学中的应用研究》,《英语广场(学术研究)》2022 年第 13 期,第 108—110 页。

同时,教师还需要关注深度学习技术在教育领域的最新研究成果和应用案例,不断更新自己的知识体系和技能。为了更好地应用深度学习技术,教师还应积极参加相关的培训和学习活动,提高自己的技术水平和实践能力。例如,通过参加深度学习课程、在线学习平台和专业研讨会,教师可以系统地学习深度学习的基本概念和技术,了解最新的研究进展和应用实践。通过不断学习和实践,教师能够掌握深度学习技术的核心知识和应用方法,在教学中灵活运用这些技术,提高教学效果和学生的学习体验。

总之,在深度学习视域下,大学英语教师需要具备扎实的深度学习基础知识,了解深度学习的基本概念和原理,掌握其在教育领域的应用方法。通过不断学习和实践,教师可以将深度学习技术有效地融入教学,提升教学质量和学生的学习效果。学校和教育机构也应提供必要的支持和保障,帮助教师不断提升专业水平和技术能力。

2. 英语语言学在深度学习视域下的应用

(1)语音、语法、词汇的深度学习方法。在深度学习视域下,大学英语教师不仅需要扎实的专业知识,还需要掌握深度学习在语言学中的应用,尤其是语音、语法和词汇方面的深度学习方法。这些技术的应用能够显著提升教学效果和学生的学习体验。

第一,语音识别和处理是深度学习在语言学中的重要应用。深度学习模型,如卷积神经网络(Convolutional Neural Networks,CNN)和循环神经网络(Recurrent Neural Network,RNN),可以用于语音识别和生成。这些模型通过对大量语音数据进行训练,能够准确地识别和转换语音信号。例如,教师可以使用深度学习技术开发语音评估系统,自动评估学生的口语发音,提供详细的反馈和改进建议,从而帮助学生提高发音准确性和流利度。

第二,语法分析是深度学习的另一重要应用领域。深度学习模型,如长短期记忆人工神经网络(Long Short-Term Memory,LSTM)和变换器模型,在自然语言处理任务中表现出色。通过对大规模语料库的训练,这些模型可以自动学习语言的语法规则和结构,进行准确的语法分析和生成。教师可以利用这些技术开发智能语法检查工具,帮助学生发现和纠正语法错误,提高写作水平。此外,深度学习技术还可以用于自动生成语法教学材料,根据学生的学习情况提供个性化的语法练习和解释。

第三,词汇学习是语言学习的基础,深度学习在词汇处理方面也具有显著优势。词嵌入技术(word embeddings),如 Word2Vec 和 GloVe,通过将词汇表示为低维向量,捕捉词汇之间的语义关系和上下文信息。这些技术可以用于开发智能词汇学习系统,帮助学生理解和记忆词汇。例如,教师可以利用词嵌入技术开发词汇推荐系统,根据学生的已有词汇量和学习目标,推荐适合的词汇进行学习和复习。深度学习技术还可以用于自动生成词汇测验题,评估学生的词汇掌握情况,提供个性化的学习建议。

(2)语言学理论在深度学习视域下的应用。在深度学习视域下,语言学理论的应用为大学英语教学带来了新的机遇和挑战。大学英语教师需要深入理解和掌握语言学理论,并结合深度学习技术,将其应用于实际教学中,以提高教学效果和学生的语言能力。

第一,语音学和音系学的理论在深度学习中的应用,极大地提升了语音识别和语音合成的效果。深度学习模型,如卷积神经网络和循环神经网络,能够有效处理语音信号,提取语音特征。教师可以利用这些技术开发智能语音评估系统,帮助学生进行口语练习和发音纠正。

第二,语法学和句法学理论在自然语言处理中的应用,使得自动语法分析和句子生成变得更加精准和高效。深度学习模型,如长短期记忆网络和变换器模型,在语法分析和句子生成方面表现出色。教师可以利用这些模型开发智能语法检查工具,帮助学生发现和纠正语法错误。例如,智能写作辅助系统可以根据语法规则和上下文,自动检测学生作文中的语法错误,并提供详细的解释和改进建议,帮助学生提高写作水平。

为了充分发挥语言学理论在深度学习视域下的应用价值,教师需要不断学习和掌握最新的深度学习技术和语言学研究成果。教师应积极参加相关的培训和学术交流活动,了解最新的研究动态和应用实践,提高自己的专业素养和技术水平。同时,教师还需要结合实际教学需求,探索和实践深度学习技术在教学中的应用,不断创新教学方法和手段,提高教学效果。

3. 英美文化及文学知识

(1)利用数字化学习资源呈现英美文化。数字化学习资源可以包括各种形式的多媒体材料,如音频、视频、电子书和互动软件等。这些资源能够生动地呈现英美文化的各个方面,帮助学生更直观地理解文化背景。例如,教师可以利用在线视频平台,播放有关英美历史、地理、社会习俗、节日庆典等方面的纪录片和短视频,让学生通过视听体验,深入了解英美文化的多样性和丰富性。而虚拟现实和增强现实技术的发展，使得数字化学习资源更加生动。例如，教师可以利用虚拟现实技术，带领学生"参观"英国的博物馆、美国的历史遗址，甚至是经典文学作品中的场景，让学生在虚拟环境中体验文化的细节和氛围。这样的沉浸式学习体验，不仅能够激发学生的学习兴趣，还能加深他们对英美文化的理解和记忆。数字图书馆和在线数据库同样为学生提供了丰富的文化和文学资源。通过这些平台，学生可以方便地获取大量的英美文学作品、学术论文和研究资料。例如，教师可以推荐学生使用 Project Gutenberg 等在线图书馆，阅读英美经典文学作品，了解作家的生平、作品的历史背景和文化意义。此外，在线数据库如 JSTOR、ProQuest 等，为学生提供了丰富的学术资源，帮助他们进行更深入的文化和文学研究。在线课程和学习平台也是重要的数字化学习资源。通过 Coursera、edX、FutureLearn 等在线平台，教师和学生可以接触到来自全球顶尖大学和学术机构的文化和文学课程。例如，学生可以选修关于英美文化历史、文学分析、文化比较等方面的课程，拓展自己的知识面，提高文化素养和文学鉴赏能力。互动式学习工具和社交媒体平台也为文化教学提供了新的可能性。例如，教师可以利用 Padlet、Flipgrid 等工具，创建互动式的学习活动和讨论空间，鼓励学生分享他们对英美文化的看法，促进文化交流和互动。此外，社交媒体平台如 Instagram 等，也可以用来分享英美文化的最新动态和资讯，帮助学生了解当代英美文化的发展和变化。

总之，在深度学习视域下，利用数字化学习资源进行英美文化背景教学，能够显著提升教学效果和学生的文化素养。大学英语教师需要积极探索和应用各种数字化资源，结合多媒体技术、虚拟现实技术和在线学习平台，为学生提供丰富多样的文化学习素材。通过这些资源，学生能够更全面地了解和掌握英美文化背景，提高语言学习的深度和广度，培养跨文化交际能力。

（2）文学作品的深度学习分析与教学。在深度学习视域下，大学英语教师需要掌握利用深度学习技术对文学作品进行分析与教学的方法，从而帮助学生更深入地理解和欣赏文学作品。

第一，深度学习技术能够辅助文学作品的文本分析。自然语言处理技术，如词嵌入和主题建模，能够帮助教师和学生挖掘文学作品中的关键词、主题和隐含意义。例如，通过对大量文学作品的训练，深度学习模型可以识别出作品中反复出现的主题和情感倾向。这些技术可以揭示出作品中隐含的主题和人物关系,帮助学生更全面地理解作品的内在结构和深层意义。

第二,深度学习可以用于分析文学作品的语言风格和写作特点。通过对比分析不同作家或同一作家不同作品的语言特征,深度学习技术可以识别出独特的语法结构、修辞手法和用词习惯。例如,通过长短期记忆人工神经网络和变换器模型,教师可以分析作品中的句法结构和修辞模式,帮助学生理解作家的语言风格和创作手法。这对于学习诗歌、戏剧等文学形式尤为重要,学生可以通过这种技术手段深入体会作品的艺术价值和美学特点。

第三,为了将深度学习技术有效应用于文学作品的教学,教师需要设计具体的教学活动和任务。例如,教师可以组织学生利用深度学习工具对文学作品进行文本分析,探讨作品中的主题和情感变化。通过项目式学习,学生可以在小组中合作完成对一部文学作品的深入分析,并在课堂上进行展示和讨论。这样的教学活动不仅能够激发学生的学习兴趣,还能培养他们的合作能力和批判性思维能力。

4. 教学法理论

(1)结合深度学习的传统与现代教学法。在深度学习视域下,大学英语教师需要将传统教学法与现代教学法相结合,以实现更高效、更深入的教学效果。传统教学法包括语法翻译法、直接法、听说法等,而现代教学法则涵盖了任务型教学法、交际教学法等。在结合深度学习技术的背景下,这些教学法可以得到更为有效的应用和创新。

第一,语法翻译法强调对语言规则的掌握和翻译能力的培养。在深度学习视域下,教师可以利用自然语言处理技术,开发智能语法学习和翻译工具,帮助学生更好地理解和应用语法规则。① 例如,通过深度学习模型,可以实现自动语法检查和翻译纠正,学生在写作和翻译过程中遇到问题时,系统可以实时提供反馈和建议,从而提高学生的语法和翻译能力。

第二,直接法和听说法注重语言的直接使用和对听说能力的培养。在深度学习技术的支持下,教师可以利用语音识别和生成技术,开发智能口语训练系统,帮助学生进行口语练习和发音矫正。例如,通过深度学习模型,系统可以分析学生的口语发音,识别发音错误,并提供详细的反馈和改进建

---

① 兰希、韩彩丽:《基于深度学习的大学英语智慧课堂教学策略研究》,《广西广播电视大学学报》2021年第4期,第20—25页。

议,帮助学生提高口语表达能力。

第三,任务型教学法和交际教学法强调语言在实际任务和交际中的应用。深度学习技术可以帮助教师设计和实施更为真实和有效的任务和交际活动。例如,通过虚拟现实和增强现实技术,教师可以创建虚拟的语言学习环境,让学生在模拟的实际情境中进行交际活动。这样的学习方式不仅能提高学生的语言应用能力,还能增强他们的学习兴趣和动机。

(2)教学方法的创新与实践。在深度学习视域下,教学方法的创新与实践是提高大学英语教学质量的关键。教师需要不断探索和尝试新的教学方法,并将其应用于实际教学中,以满足学生多样化的学习需求。

第一,翻转课堂是一种创新的教学方法,它将传统的课堂教学与课外自主学习相结合。在这种模式下,学生在课前通过在线学习平台观看教学视频和学习资料,课上进行讨论、练习和应用。深度学习技术可以帮助教师开发个性化的学习资源和测评工具,帮助学生在课前更好地掌握学习内容。课上,教师可以利用数据分析技术,了解学生的学习情况和问题,有针对性地进行辅导和答疑,提高教学效果。

第二,基于项目的学习是一种以学生为中心的教学方法,它通过让学生参与实际项目的设计和实施,培养他们的综合能力和实践能力。在深度学习视域下,教师可以利用深度学习技术,设计和实施更为复杂和真实的项目活动。例如,通过数据分析和可视化技术,学生可以在项目中进行数据收集、分析和展示,培养他们的数据素养和分析能力。此外,教师可以利用协作平台和在线工具,帮助学生在项目中进行团队合作和交流,提高他们的协作能力和沟通能力。

第三,个性化学习是一种根据学生的个体差异和学习需求,提供个性化的学习资源和支持的教学方法。深度学习技术可以帮助教师实现个性化学习的目标。例如,通过学习分析技术,教师可以了解每个学生的学习进度和表现,识别他们的学习问题和需求,提供有针对性的学习建议和资源。此外,智能推荐系统可以根据学生的学习历史和兴趣,推荐适合的学习内容和活动,帮助学生更好地实现学习目标。

第四,游戏化学习是一种通过将游戏元素和机制应用于学习过程,激发学生学习兴趣和动机的教学方法。在深度学习视域下,教师可以利用游戏化技术,设计和开发有趣的学习游戏和活动。例如,通过积分、奖励和竞赛等游戏机制,激励学生积极参与学习,提高他们的学习兴趣和参与度。此外,教师还可以利用虚拟现实技术,创建沉浸式的学习游戏,让学生在游戏中学习语言和文化知识,增强他们的学习体验和效果。

总之,在深度学习视域下,结合传统与现代教学法,不断进行教学方法的创新与实践,是提高大学英语教学质量的重要途径。大学英语教师需要掌握深度学习技术,并将其应用于教学设计和实施中,提供更为个性化和高效的教学服务。通过不断探索和实践,教师可以设计和实施丰富多样的教学活动,满足学生的学习需求,提升他们的语言能力和综合素养。学校和教育机构也应为教师提供必要的技术支持和培训机会,帮助他们不断提升专业水平和教学能力,推动教育创新和发展。

(三)大学英语教师应具备科学的教学观念

1. 现代教育理论与深度学习

(1)建构主义教学理论与深度学习。前文已经对建构主义理论进行了详细论述,此处不再赘述。结合深度学习技术,建构主义教学理论在大学英语教学中可以得到更有效的应用。

第一,建构主义教学理论强调学生的主动性和自主性,深度学习技术能够提供个性化和互动性强的学习环境,支持学生主动探索和发现知识。例如,通过在线学习平台,教师可以为学生提供丰富的学习资源,包括视频、文章、互动练习等,学生可以根据自己的学习进度和兴趣选择学习内容。深度学习技术还可以分析学生的学习行为和表现,提供个性化的学习建议和反馈,帮助学生更好地理解和掌握知识。

第二,建构主义教学理论强调社会互动和协作学习,深度学习技术可以增强学生之间以及学生与教师之间的互动与合作。通过在线讨论区、协作平台和虚拟学习社区,学生可以进行实时交流和协作,共同解决学习中的问题。教师可以通过数据分析了解学生的互动情况和学习需求,有针对性地进行指导和支持。这样的互动与合作能够促进学生之间的知识共享和共同进步,提高学习效果。

第三,建构主义教学理论强调反思性学习,深度学习技术可以帮助学生进行自我反思和评价。通过电子学习档案和在线学习日志,学生可以记录和反思自己的学习过程和收获。深度学习技术可以分析学生的学习数据,提供可视化的学习报告和评估,帮助学生了解自己的学习进展和存在的问题,进行有针对性的改进。

第四,建构主义教学理论在大学英语教学中的应用,需要教师具备一定的技术素养和创新能力。教师需要不断学习和掌握新的教育技术和工具,将其有效地应用于教学设计和实施中。通过参加培训和专业发展活动,教师可以提升自己的技术能力和教学水平,更好地满足学生的学习需求。

(2)多元智能理论在深度学习视域下的应用。多元智能理论由哈佛大学教授霍华德·加德纳(Howard Gardner)提出。此理论认为人类拥有多种不同类型的智能,包括语言智能、逻辑-数学智能、空间智能、音乐智能、身体运动智能、人际智能、内省智能和自然智能。这一理论强调每个人在不同智能方面具有独特的优势和潜力。在深度学习视域下,多元智能理论能够为大学英语教学提供新的思路和方法,以满足不同学生的个性化学习需求。

第一,多元智能理论强调个性化学习,深度学习技术可以实现个性化教学。通过大数据分析和人工智能技术,教师可以了解学生在不同智能方面的优势和不足,设计个性化的学习方案。例如,对于语言智能强的学生,可以多提供阅读和写作任务。对于音乐智能强的学生,可以通过歌曲和节奏来学习英语。这样能够充分发挥学生的智能优势,提高学习效果。

第二,多元智能理论提倡多样化的教学方法,深度学习技术可以支持多种教学形式。通过在线平台和多媒体资源,教师可以采用视频、音频、图像等多种形式的教学材料,满足不同智能类型学生的需求。例如,利用虚拟现实技术,学生可以在虚拟环境中进行语言练习,提升空间智能和身体运动智能。通过游戏化学习,增强逻辑-数学智能和人际智能。

第三,多元智能理论重视学生的全面发展,深度学习技术可以促进综合素质的培养。通过整合多种智能的教学活动,学生不仅可以提高英语语言能力,还可以发展其他智能。例如,组织英语戏剧表演,学生可以在语言智能、身体运动智能和人际智能等方面得到锻炼和提高;开展英语辩论赛,提升语言智能、逻辑-数学智能和人际智能。

第四,多元智能理论强调自我认知和反思能力,深度学习技术可以支持学生的自我评估和反思。通过电子学习档案和在线学习日志,学生可以记录和反思自己的学习过程和成果,了解自己的智能优势和不足,制定改进计划。深度学习技术还可以提供个性化的学习报告,帮助学生进行自我评估和反思,促进持续改进和发展。

2. 混合式教学模式

在当今信息技术飞速发展的时代,大学英语教学也面临着新的挑战和机遇。作为一名大学英语教师,不仅需要扎实的专业知识,还需要具备科学的教学观念,灵活运用各种教学模式,以适应学生多样化的学习需求。混合式教学模式作为一种融合了线上与线下教学的新模式,为教师提供了更多的可能性。

混合式教学模式将传统的面对面教学与在线教学相结合,充分发挥两者的优势,弥补彼此的不足。在实践中,教师可以通过线上课程平台提供课件、作业、讨论区等资源,让学生在课堂之外进行自主学习和思考。而在线下教学环节,则可以通过讲解、案例分析、小组讨论等方式进行更深入的教学和互动。在结合线上与线下教学时,教师需要注重教学内容的设计与安排,确保线上线下教学环节之间的衔接与延续,使学生能够形成完整的学习体验。此外,教师还应该根据学生的学习情况和反馈及时调整教学策略,灵活应对。例如,对于一些难点知识或学生普遍存在的困惑,可以通过在线课堂进行重点讲解和答疑,提高教学效果。同时,在线下教学环节中,可以通过案例分析、小组讨论等形式,加强学生之间的互动和合作,促进思维碰撞和知识交流,提高学习效率和质量。

随着人工智能和深度学习技术的不断发展,教学也逐渐向智能化、个性化方向发展。在混合式教学模式中,教师可以利用深度学习技术设计智能化的教学工具和平台,提升教学的互动性和参与度。例如,通过人工智能技术对学生的学习数据进行分析和挖掘,为教师提供个性化的教学建议和反馈,帮助教师更好地了解学生的学习状态和需求。同时,教师还可以利用深度学习技术开发在线互动工具和游戏化学习平台,激发学生的学习兴趣和积极性。通过设计丰富多彩的学习任务和挑战,引导学生主动参与学习过程,提高学习的趣味性和效果。例如,可以设计英语学习的虚拟场景,让学生在虚拟世界中进行语言交流和实践,提升语言运用能力。

总之,混合式教学模式为大学英语教师提供了更多的教学可能性和创新空间。教师应该根据学生的学习需求和教学目标,灵活运用各种教学资源和技术手段,不断优化教学模式和方法,提升教学质量和效果。只有具备科学的教学观念和不断创新的教学能力,才能更好地适应时代发展的需要,培养出更加优秀的英语人才。

3. 评价与反馈机制

（1）深度学习技术在形成性评价与总结性评价中发挥的作用。形成性评价和总结性评价是评价体系中的两个重要组成部分。形成性评价强调在学习过程中不断提供反馈和指导，帮助学生发现和解决问题，促进学习的持续改进和进步。而总结性评价则侧重于对学习结果和成果进行全面的评价和总结，为学生提供反馈和奖励，激励其继续努力和进步。深度学习技术可以在形成性评价和总结性评价中发挥重要作用。通过对学生学习数据的收集、分析和挖掘，可以及时发现学生的学习困难和问题，为教师提供个性化的教学建议和指导，帮助教师更好地调整教学策略和方法，提高教学效果。同时，深度学习技术还可以对学生的学习成绩和表现进行全面的评价和分析，为教师和学生提供客观准确的反馈，帮助他们了解自己的学习状况和水平，进一步完善学习计划和目标。

（2）深度学习技术在反馈机制中的应用。在大学英语教学中，及时有效的反馈对学生的学习至关重要。深度学习技术可以帮助教师实现个性化、精准的反馈，提高反馈的质量和效果。例如，通过语音识别技术和自然语言处理技术，可以对学生口语和写作表达进行实时评估和分析，为学生提供即时的语言反馈和建议，帮助他们改进语言表达能力。同时，通过数据挖掘和机器学习技术，可以对学生的学习行为和模式进行分析，为教师提供更加全面和深入的了解，帮助教师更好地调整教学策略和方法，提高教学效果。此外，深度学习技术还可以为教师提供更加高效和便捷的反馈工具和平台。例如，可以开发智能化的评价系统和学习管理平台，实现教学过程的自动化和智能化，减轻教师的工作负担，提高教学效率。同时，可以利用数据可视化技术和虚拟现实技术，将学习数据和反馈信息以直观形式呈现，增强学生的学习体验和参与感，激发学生的学习动力和兴趣。

总之，深度学习技术为大学英语教学中的评价与反馈机制提供了新的思路和方法。教师应该充分利用深度学习技术优化评价与反馈机制，提高教学效果和学习成果，为学生的全面发展和成长提供更加有力的支持和保障。[1]

---

[1] 杨天：《基于深度学习的大学英语混合教学模式的构建》，《黑河学院学报》2021年第7期，第93—94,97页。

(四)大学英语教师应提升信息伦理素养

随着信息技术的普及,信息伦理问题也日益凸显。作为知识的传授者和学生成长的引导者,大学英语教师不仅需要具备高超的教学技能和丰富的学科知识,还必须具备良好的信息伦理素养。信息伦理素养不仅关系到教师个人的职业操守和信息安全,更直接影响学生的信息素养教育和整个教学环境的健康发展。因此,提升信息伦理素养,已成为大学英语教师必须面对的重要课题。

1. 以内生为核心,教师伦理自觉的觉醒与激励

在英语教师的工作中,伦理自觉是教学的灵魂和力量源泉。以内生为核心的教师伦理自觉,不仅是对自身职业责任和使命的深刻认知,更是对学生成长与发展的真挚关怀与承诺。通过觉醒与激励教师的伦理自觉,我们可以进一步提升教育质量,为学生成长搭建更加健康的学习环境。

(1)英语教师伦理自觉的觉醒途径。英语教师伦理自觉的内涵在于将学生的学习和成长置于教学的核心位置。教师应当以内生的方式感悟自己在教学中的责任与使命,始终将学生成长作为教育工作的首要任务。这种内生的伦理自觉不仅体现在教学行为上,更需要贯穿于教师的言行举止之中,成为一种职业信仰和生活态度。而英语教师伦理自觉的觉醒需要通过多种途径来实现。

首先,加强师德师风建设,通过开展师德教育和职业道德规范培训,引导教师树立正确的教育理念和职业操守,增强对教育事业的热爱和责任感。

其次,不断强调技术整合的学科教学知识(Technological Pedagogical Content Knowledge,TPACK)。TPACK 框架是由帕尼亚·米什拉(Punya Mishra)与马修·科勒(Matthew J. Koehler)两位学者在美国学者舒尔曼(Shulman)所提出学科教学知识(PCK)的基础之上,将教师在教学过程中实施技术相关的知识领域概念化而提出的。在信息化时代,技术知识被认为是教师职业中不可或缺的一部分,为了实现技术应用的"有效性"与"伦理性"的统一,英语教师需要不断地完善自身的知识体系。一方面,教师要提高技术应用的能动性与自我效能感,当教师越是积极地应用新技术促进自身发展,越容易促进自身 TPACK 知识的提升。教师 TPACK 的发展,需要教师不断主动地学习并掌握具体的技术操作知识,并在此基础上养成规范使用信息技术的习惯,树立正确的技术使用态度和主动整合技术的意识。另一方面,教师要主动地、持续地进行专业学习,并通过同事互助来分享技术整合的经验,通过共同学习、共同进步来有效地提升技术知识水平,最终实现知识获取—知识应用—知识创造的进阶式发展。

(2)英语教师论理自觉的激励策略。为了激励英语教师的伦理自觉,需要制定一系列具体有效的激励策略。首先是建立健全的职业发展通道和晋升机制,为教师提供广阔的发展空间和职业晋升的机会,激励教师不断提升自己的教学水平和专业素养。其次是加强对教师的培训和培养,通过组织各类教学研讨和学术交流活动,提升教师的教学能力和创新意识,激发教师的教学热情和创造力。同时,还需要建立起良好的教师评价和考核制度,通过对教师教学质量和学生评价的全面考量,激励教师积极投入教学工作中,不断提高教学效果和学生满意度。

当然,英语教师伦理自觉的觉醒与激励,不仅能够提升教师的职业素养和教学水平,更能够推动教育事业的持续发展和学生的全面成长。教师只有具备内生的伦理自觉,才能够真正做到以学生为本,积极投入教学工作中,为学生成长和社会进步做出更大的贡献。因此,唤醒和激励英语教师的伦理自觉,具有重要的理论意义和实践价值,有助于推动教育事业朝着更加健康、可持续的方向发展。

2. 以学校为依托,给予全方位的伦理教育支持

在深度学习视域下,大学英语混合式教学模式不仅仅关注教学内容和方法的优化,更强调教师伦理自觉的重要性。学校作为培养教师和学生的重要基地,应当充分发挥其资源和环境优势,为教师提供全方位的伦理教育支持,从而提升教师的职业道德素养和教学水平。

(1)建立完善的师德培训体系。学校应当建立完善的师德培训体系,定期开展职业道德和伦理教育培训。通过专题讲座、案例分析、研讨会等多种形式,引导教师深刻理解和践行职业道德规范。培训内容应包括教育法制、职业道德、心理健康等方面,帮助教师树立正确的职业观、价值观和人生观,从而在教学中以身作则,潜移默化地影响学生。

(2)强化校园文化建设。校园文化是培养教师伦理自觉的重要载体。学校应当通过营造良好的校园文化氛围,强化教师的职业道德意识。例如,可以通过设立师德榜样、开展师德宣讲活动、评选优秀教师等方式,树立和宣传先进典型,激励广大教师学习和践行优秀的师德师风。同时,通过组织文化活动、文艺演出等丰富教师的业余生活,增强教师的职业幸福感和归属感,从而更好地激发其内在的伦理自觉。

(3)推动伦理教育课程的设立。学校应当在教师培训课程中增加伦理教育的内容,设置专门的伦理教育课程。这些课程不仅应涵盖教育伦理学的基础理论,还应结合实际教学案例进行深入分析,帮助教师在具体的教学情境中理解和应用伦理原则。通过系统的伦理教育课程,教师能够更好地掌握和运用职业道德规范,在教学过程中做到知行合一。

(4)提供心理咨询和支持。教师在教学过程中面临诸多压力和挑战,学校应当提供心理咨询和支持服务,帮助教师缓解压力、保持心理健康。通过设立心理咨询中心,聘请专业心理咨询师,定期开展心理健康讲座和培训,帮助教师掌握基本的心理调适方法和技巧。同时,建立心理支持小组,鼓励教师之间互助互爱,共同应对工作和生活中的困惑和挑战,从而在心理层面增强教师的职业伦理自觉。

(5)实施有效的监督和评价机制。学校应当建立科学合理的监督和评价机制,对教师的职业道德行为进行监督和评价。通过设立师德监督委员会、建立教师职业道德档案等措施,对教师的职业行为进行全方位的监督和管理。同时,制定明确的评价标准和奖惩措施,对表现优秀的教师进行表彰和奖励,对违反职业道德的行为进行严肃处理,从而在制度层面保障教师伦理自觉的落实和执行。

(6)鼓励教师参与社区和社会服务。学校应当鼓励和支持教师参与社区和社会服务,通过实际行动践行职业道德。教师可以利用课余时间参与志愿服务、社区教育、公益活动等,通过服务社会、奉献爱心,进一步增强对职业道德的理解和认同。同时,学校可以与社区和社会组织建立合作关系,共同开展社会服务活动,为教师提供更多的参与机会和平台。

3. 政府主导下构建多元主体协同参与的伦理保障体系

在深度学习视域下,为了充分发挥大学英语混合式教学模式的优势,并尽量避免不当教学行为带来的负面影响,从而提升大学英语混合式教学实践的伦理品质。政府、学校和教师等多个主体都肩负着不可推卸的伦理责任。只有明确这些多元主体的伦理责任,才能更好地展现混合式教学模式的伦理内涵。

(1)政府层面的伦理责任的承担与实现。政府的角色和职能决定了教育行政部门必须承担引导、监督和评估的管理责任。政府层面的伦理责任可以通过以下途径实现:①教育行政部门应积极倡导伦理体系的合理应用,综合运用政策文件、规范制度、教育培训、专题会议和宣传倡导等多种措施,引导学校规范、合理和有效地开展伦理保障实践。②教育行政部门应对学校的伦理保障行为和结果进行评价与监督。通过不同主体和过程的共同协商,制定全面且有针对性的评价细则,政府才能依据这些细则,对学校和教师的相关行为和表现进行实际评估。

(2)学校层面的伦理责任的承担与实现。作为中观层面的主体,学校可以从以下三个方面实现其伦理责任:①学校对教师的伦理行为规范应承担引导和指导的责任。学校需要在充分理解教育部门制定的相关标准和规范的基础上,结合本校实际情况,制定校级层面的相关标准和规范,并通过研讨、示范、听课及评课等多种方式对教师的伦理行为规范进行指导。②学校的校本培训应包括信息伦理模块。校本培训项目应注重凸显行为规范中的伦理性,通过系统培训帮助教师树立伦理意识和责任感,使其掌握规避伦理风险的知识和技能。③学校应将信息伦理教育作为德育的重要组成部分。学校有责任适应快速发展的信息化社会,并积极应对新挑战,培养学生成为具有良好信息素养的个体。学校应认识到对学生开展伦理规范教育的重要性,明确教师在伦理教育中的专业职责。

(3)教师个体层面的伦理责任的承担与实现。教师既是实施大学英语混合式教学模式的关键人物,也是"伦理道德实践者"的重要角色。因此,教师需要不断提升大学英语混合式教学模式的应用技能。高校英语教师的伦理应用能力与其信息伦理素养紧密相关。在深度学习视角下,为了更好地发挥大学英语混合式教学模式的价值,高校英语教师应保持道德的敏感度与道德自觉。道德态度是道德行为的前提,高校英语教师应树立清晰且积极的信息道德行为态度,改变"为了使用而使用"的观念。因此,高校英语教师作为教育者,应有意识地发挥榜样作用,有针对性地对学生进行信息伦理教育。作为大学英语混合式教学模式的"技术主体",高校英语教师的伦理素养不仅应体现在技术应用与操作层面,更应在伦理信息活动中承担起教育责任。因此,高校英语教师具有较高的伦理素养至关重要。

二、对学生的基本要求

(一)对大学生思想意识的要求

1. 学习目标与动机

(1)明确学习目标的重要性。在深度学习视域下,大学英语混合式教学模式要求学生具备明确的学习目标和强烈的学习动机。①明确的学习目标不仅有助于学生在学习过程中保持专注和动力,还能使他们在面对挑战时有更强的抗压能力和自我调节能力。明确的学习目标能够有效提升学生的学习效率。在传统的教学模式中,学生往往处于被动接受知识的状态,缺乏主动性和方向感。而在混合式教学模式下,学生需要在自学和课堂教学中找到平衡,明确的学习目标能够帮助他们合理规划学习时间,集中精力完成学习任务。这样,不仅能够提高学习效率,还能增强学生的自主学习能力。②明确的学习目标还有助于增强学生的学习动机,学习动机是推动学生持续学习的重要内在驱动力。明确的学习目标能够激发学生的内在动机,使他们对学习产生浓厚的兴趣和持久的热情。在深度学习视域下,混合式教学强调学生的参与和互动,明确的学习目标可以使学生更有方向感和成就感,进而增强他们的学习动力和积极性。明确的学习目标可以帮助学生更好地应对学习中的困难和挑战。在大学英语混合式教学模式下,学生需要不断进行自我反思和调整,以适应不同的学习任务和教学节奏。明确的学习目标能够使学生在遇到困难时保持坚定的信念和积极的心态,通过设定具体的目标和阶段性任务,逐步克服学习中的障碍,实现自我超越。明确的学习目标更有助于培养学生的自我管理能力和责任感。在混合式教学模式下,学生不仅需要完成课堂学习任务,还需要在课后进行大量的自主学习和实践活动。明确的学习目标能够引导学生合理安排学习计划,主动承担学习责任,提升自我管理能力。这不仅对他们的英语学习有积极作用,也为今后的职业发展和人生规划打下坚实的基础。

(2)深度学习视域下激发学习动机的策略。在深度学习视域下,激发大学生的学习动机是大学英语混合式教学取得成功的关键。以下几种策略可以有效地激发学生的学习动机,使他们在学习过程中保持积极性和主动性。

①个性化学习。深度学习强调因材施教,根据学生的兴趣、能力和学习风格制订个性化的学习计划。通过在线学习平台和智能学习系统,教师可以为学生提供个性化的学习资源和任务,帮助学生在自己的节奏下学习。这种个性化的学习体验能够增强学生的自主性和参与感,从而激发的学习动机。②增强学习互动。在混合式教学模式下,线上线下的互动教学能够创造更多的交流机会。通过小组讨论、在线论坛、实时互动等方式,学生可以与教师和同学进行深入交流和讨论。这种互动不仅可以加深学生对学习内容的理解,还能够增强他们的归属感和成就感,从而激发学习动机。③设置具有挑战性的学习任务。深度学习强调高阶思维能力的培养,教师应当设计具有挑战性和探究性的学习任务,鼓励学生进行批判性思考和问题解决。例如,可以通过项目式学习、案例分析、研究报告等形式,激发学生的学习兴趣和探究精神。这种挑战性的学习任务能够激发学生的好奇心和求知欲,从而增强学习动机。④及时和有效的反馈。通过在线测评系统、课堂反馈、个别辅导等方式,教师可以帮助学生及时调整学习策略,增强他们的信心和动力。⑤营造积极的学习氛围也是激发学习动机的重要策略。教师应当注重课堂氛围的营造,鼓励学生积极参与、勇于表达、自信思考。通过建设一个包容、支持和互助的学习环境,学生可以感受到学习的乐趣和意义,从而保持持续的学习动机。

2. 自我管理与自我监督

在深度学习视域下,大学英语混合式教学模式对学生的自律和时间管理能力提出了更高的要求。学生需要在自主学习和课堂学习之间找到平衡,并有效管理自己的学习时间,以达到最佳的学习效果。

(1)自律是深度学习的重要前提。混合式教学模式下,学生需要承担更多的学习责任,积极主动地进行课前预习、课后复习和自主学习。自律的学生能够自觉制订学习计划,合理安排学习时间,避免拖延和懈怠。为了培养自律意识,学生可以通过设定具体的学习目标,使用任务清单和学习日志等工具,监督和记录自己的学习进度。学校可以通过组织时间管理工作坊和提供相关培训,帮助学生提升自律能力。

(2)时间管理能力对于学生深度学习至关重要。有效的时间管理不仅能够提高学生的学习效率,还能帮助学生平衡学业、生活和其他活动。学生可以运用时间管理工具,如时间表、日历和任务管理应用,制订详细的学习计划,合理分配学习时间。将大任务拆解为小任务,设置阶段性目标,能够让学习过程更加有条不紊。同时,学生应当学会优先处理重要且紧急的任务,避免因紧急任务而打乱学习计划。学校可以通过开展时间管理专题讲座和交流群,指导学生掌握科学的时间管理方法。

(3)自我评估与反思是深度学习的重要组成部分,通过自我评估和反思,学生能够不断调整学习策略,提升学习效果。自我评估是指学生通过自我检测和评价,了解自己的学习状况和进步情况。在深度学习视域下,学生应当定期进行自我评估,检查自己的学习目标是否达成,学习方法是否有效。通过自我评估,学生能够发现自己的优势和不足,有针对性地调整学习计划和策略。例如,学生可以通过在线测评工具、自测题和学习记录等方式,进行阶段性自我评估。学校可以提供相关的自我评估工具和平台,帮助学生开展有效的自我评估。反思是指学生对自己的学习过程和结果进行深度思考和总结,发现问题、寻找原因并提出改进措施。反思能够帮助学生深刻理解学习内容,提升学习效果。在深度学习视域下,反思不仅是对知识的回顾,更是对学习过程的整体评估。学生可以通过写学习日记、学习总结和反思报告等方式,记录自己的学习体验和感受,分析学习中的得失。学校可以通过设置反思性作业和学习小组,鼓励学生进行深度反思和交流。

(二)对大学生学习方式的要求

1. 主动学习与合作学习

(1)主动学习。主动学习习惯的培养应从以下几个方面入手:①培养主动学习的习惯需要学生树立明确的学习目标和强烈的学习动机。只有当学生明白学习的意义和目标,并对学习内容产生浓厚兴趣,才能在学习过程中保持高度的主动性和积极性。教师应当通过引导和激励,帮助学生发现学习的乐趣和价值,激发他们的内在学习动力。②培养主动学习的习惯需要为学生提供多样化的学习资源和工具。混合式教学模式下,线上和线下资源的结合为学生提供了丰富的学习材料和渠道。教师应当充分利用网络平台、数字教材、在线课程等资源,为学生提供多样化的学习选择。通过推荐优质的学习资源和工具,鼓励学生自主探索和学习。③培养主动学习的习惯需要注重学生自主学习能力的提升。自主学习能力包括自我规划、自我管理、自我评价等多方面的能力。教师应当在教学过程中有意识地培养学生的自主学习能力,通过布置自主学习任务、开展项目式学习等方式,锻炼学生的自我管理和自我调节能力。此外,教师还应当提供必要的指导和支持,帮助学生掌握科学的学习方法和技巧。④培养主动学习的习惯还需要营造积极的学习环境和氛围。教师应当鼓励学生主动提问、积极参与课堂讨论、勇于表达自己的观点。在课堂教学中,教师可以采用启发式教学、讨论式教学等方法,激发学生的思维活力和创造力。通过营造一个开放、包容、鼓励探索的学习环境,帮助学生树立主动学习的信心。

(2)深度学习技术支持下的合作学习。深度学习技术对合作学习的支持体现在以下几个方面:①深度学习技术为合作学习提供了丰富的交流和协作工具。在线学习平台、社交媒体、协作软件等技术手段,使学生能够方便地进行实时交流和协作。通过视频会议、在线讨论、共享文档等方式,学生可以随时随地进行沟通和合作,突破了时间和空间的限制。这种便捷的交流方式,促进了学生之间的互动和合作。②深度学习技术为合作学习提供了智能化的支持和指导。智能学习系统可以根据学生的学习情况和需求,提供个性化的学习建议和反馈。在合作学习过程中,智能学习系统可以分析学生的参与情况、贡献度和合作效果,帮助学生发现和解决合作中的问题。通过智能化的支持和指导,学生可以更高效地进行合作学习,提升学习效果。③深度学习技术为合作学习提供了多样化的学习资源和任务。在线学习平台和数字教材中,包含了丰富的学习资源和任务,学生可以根据需要选择和使用。在合作学习中,学生可以共同利用这些资源和任务,进行探究和研究。通过多样化的学习资源和任务,学生可以获得更为全面和深入的学习体验。④深度学习技术还为合作学习提供了有效的评估和反馈机制。通过在线测评、学习分析等技术手段,教师可以对合作学习的过程和结果进行全面评估。学生也可以通过系统反馈,了解自己的学习效果和团队贡献情况。有效的评估和反馈机制,不仅有助于发现和解决合作学习中的问题,还能够激励学生不断改进学习策略和提升学习效果。

2. 多元化学习资源的利用

在深度学习视域下,大学英语混合式教学模式强调多元化学习资源的利用。多元化的学习资源不仅包括数字资源,还包括实物资源和深度学习资源的有机结合。通过多样化的资源,学生能够获得更全面的学习体验,提升学习效果。

（1）在现代教育环境中，数字资源的获取与利用已成为大学英语学习的重要组成部分。数字资源包括在线课程、电子书籍、学术数据库、多媒体资源等，这些资源为学生提供了丰富的学习内容和灵活的学习方式。①学生应当掌握获取数字资源的技能。互联网为学生提供了海量的学习资源，但如何高效地搜索、筛选和利用这些资源是关键。学生需要学会使用搜索引擎、学术数据库和在线学习平台，通过关键词搜索、筛选条件等手段，找到与学习需求匹配的资源。学校可以开设信息素养课程，教授学生如何高效获取和利用数字资源。②学生应当充分利用各种数字资源进行学习。在线课程和视频讲座提供了系统的知识讲解和实例分析，学生可以随时随地进行学习和复习。电子书籍和学术文章提供了丰富的阅读材料和参考文献，学生可以深入阅读和研究，提升知识深度。多媒体资源如音频、视频、图表等，可以增强学习的趣味性和互动性，帮助学生更好地理解和掌握学习内容。③学生应当学会利用数字工具进行自主学习和协作学习。学习管理系统、在线笔记工具、协作软件等，为学生提供了方便的学习和交流平台。学生可以通过这些工具制订学习计划、记录学习笔记、分享学习成果、进行小组讨论和协作任务。通过数字工具，学生可以实现高效的自主学习和团队合作，提升学习效果。

（2）除了数字资源，实物资源也是大学英语学习的重要组成部分。实物资源包括纸质书籍、教材、词典、学习资料等，这些资源在深度学习中具有独特的价值。将实物资源与深度学习资源相结合，可以丰富学习内容，提升学习效果。①纸质书籍和教材是英语学习的重要资源。虽然数字化学习资源日益丰富，但纸质书籍和教材仍然具有不可替代的作用。纸质书籍和教材提供了系统、权威的知识内容，学生可以通过深入阅读和标注，提升阅读能力和知识深度。同时，纸质书籍和教材还可以作为参考资料，随时查阅和复习，巩固学习成果。②词典和学习资料是英语学习的重要辅助工具。学生可以通过纸质词典和电子词典查找单词和短语的释义、用法和例句，扩展词汇量和语言运用能力。学习资料如练习册、试题集、阅读材料等，可以帮助学生进行有针对性的练习和测试，提升语言技能和考试能力。学校应当鼓励学生充分利用词典和学习资料，提升学习效果。③实物资源与深度学习资源的结合，还可以通过课堂教学和实验活动实现。教师可以在课堂上结合纸质教材和多媒体资源进行教学，利用多种资源展示和讲解知识内容。学生可以通过课堂讨论、小组活动、实验项目等方式，将理论知识与实践操作相结合,提升综合素质和能力。通过课堂教学和实验活动,学生可以更好地理解和掌握学习内容,提升学习效果。

3.自主学习能力的提升

(1)自主学习策略与方法。①制定明确的学习目标是提升自主学习能力的基础。学生应根据自己的学习需求和兴趣,设定具体、可行的学习目标。这些目标可以是短期的,如本周完成某章节的学习,或者是长期的,如学期末达到某一水平的英语能力。明确的学习目标能够帮助学生保持学习动力,并不断衡量和调整自己的学习进度。②科学的时间管理是实现自主学习目标的关键。学生应学会制订合理的学习计划,分配好学习时间。可以使用日程表、任务清单等工具,将学习任务细化到每一天。合理安排学习时间,不仅可以提高学习效率,还能避免学习压力的累积。③选择适合自己的学习方法和策略也是提升自主学习能力的重要方面。每个学生都有不同的学习风格,有些学生可能更喜欢通过阅读理解知识,有些学生则更擅长通过听讲和讨论掌握内容。学生应根据自己的特点选择合适的学习方法,并不断尝试和调整。例如,可以采用笔记整理、概念图绘制、模拟测试等方法,增强学习效果。④利用多样化的学习资源也是提高学生自主学习能力的有效途径。在深度学习视域下,学生可以通过网络平台、在线课程、电子书籍等获取丰富的学习资源。利用这些资源,学生可以进行自主学习和扩展学习内容。教师应鼓励学生多渠道获取知识,提升信息素养。⑤定期进行自我评估和反思是提升自主学习能力的重要步骤。学生应定期回顾和总结自己的学习过程,发现学习中的问题和不足,及时调整学习计划和策略。通过自我评估和反思,学生可以不断改进学习方法,提升学习效果。

(2)深度学习视域下的学习习惯养成。①培养专注和坚持的习惯是学生深度学习的基础。学生应当养成专注学习的习惯,避免在学习过程中被外界干扰。可以选择安静的学习环境,远离手机等干扰源。坚持每天固定时间进行学习,形成规律的学习习惯,有助于提高学习效果和效率。②养成主动探究和独立思考的习惯是学生深度学习的重要内容。学生应当在学习过程中积极思考,主动提出问题,并通过多种途径寻找答案。教师应鼓励学生进行自主探究,培养他们的批判性思维和创新能力。通过独立思考和探究,学生可以更好地理解和掌握学习内容。③培养良好的阅读和写作习惯也是提升学生自主学习能力的重要方面。阅读不仅能够扩展知识面,还能提升语言能力和思维能力。学生应养成每天阅读英语原著、学术文章、新闻报道等的习惯,提升阅读能力。同时,写作也是一种重要的学习方式,通过写作可以整理和巩固所学知识。学生应当定期进行写作练习,提升写作能力和表达能力。④积极参与学习交流和合作也是培养学生良好学习习惯的重要途径。在深度学习视域下,合作学习和交流能够增强学习效果。学生应积极参加课堂讨论、小组学习、学习社区等,分享学习经验和心得,通过交流与合作,提升学习能力。⑤注重身体和心理健康也是学生养成良好学习习惯的重要方面。学生应合理安排学习和休息时间,保证充足的睡眠和适当的运动,保持身体健康。同时,学生应学会调节情绪,保持积极乐观的心态,面对学习中的压力和挑战。教师应关注学生的身心健康,提供必要的支持和帮助。

(三)对大学生思维能力的要求

1. 批判性思维的培养

(1)批判性思维的概念与意义。思维是一种借助语言、表象或动作来实现的过程。对客观事物进行概括和间接的认识,是认知的一种高级形式。在思维过程中,人们需要利用存储在长时记忆中的知识和经验,对外界输入的信息进行分析、综合、比较、抽象和概括等操作。根据不同的标准,思维可以分为多种类型。基于对思维本质的理解,结合个性化教学的特征,大学英语个性化教学对学生在英语课程中的思维能力提出了两方面的要求。①在大学英语个性化教学中,必须重启发学生的思维活动。由于思维具有间接性,即通过一定的媒介和知识经验对客观事物进行间接认识的特性,学生的思维活动需要基于个体通过感知和记忆获得的个性化经验。这种思维活动的个体独特性和差异性,与个性化教学中强调学生的个性特点和个体差异性是一致的。因此,在大学英语个性化教学中,充分激发学生的思维活动是基础条件。②在激发学生的思维活动时,应特别注重激发他们的经验思维、直觉思维、发散思维和创造性思维。这是因为在学生的思维活动中,最能体现其个性特征的正是这些类型的思维。因此,在大学英语个性化教学中,尤其要注重对这些思维活动的激发。

(2)利用深度学习技术培养批判性思维。在深度学习视域下,培养大学生的批判性思维能力是一项重要任务。深度学习技术提供了丰富的工具和方法,可以有效促进学生批判性思维的形成和发展。①深度学习技术可以通过大数据分析技术帮助学生掌握批判性思维的基本技能。大数据分析技术能够从海量信息中提取有价值的见解,帮助学生理解复杂问题,发现隐藏的模式和规律。在大学英语教学中,教师可以利用大数据分析技术,提供案例分析、数据解读等任务,训练学生的批判性思维。②深度学习技术可以通过智能反馈系统提高学生的思维能力。智能反馈系统能够根据学生的学习情况,提供个性化的指导和建议。例如,在在线讨论平台中,系统可以根据学生的发言内容,给出评价和改进建议,帮助学生提升论证能力和批判性思维水平。通过智能反馈,学生可以及时发现自己的思维盲点,逐步提高批判性思维能力。③深度学习技术可以通过模拟和仿真技术培养学生的批判性思维。模拟和仿真技术可以创建真实的学习情境,让学生在虚拟环境中解决问题、做出决策。例如,通过模拟国际会议、辩论赛等活动,学生可以在虚拟情境中练习批判性思维技能,提升分析问题和解决问题的能力。④深度学习技术还可以通过在线学习平台促进批判性思维的交流与合作。在线学习平台提供了丰富的讨论和合作工具,学生可以在平台上进行小组讨论、项目合作等活动。通过与同伴交流和合作,学生可以在碰撞中产生新的思维火花,提升批判性思维能力。教师可以设计互动性强的任务,鼓励学生在讨论中表达自己的观点,并进行批判性分析。⑤深度学习技术可以通过自然语言处理技术提升学生的批判性思维。自然语言处理技术能够自动分析和处理大量文本数据,帮助学生理解和评估复杂的语言材料。例如,通过文本分析工具,学生可以分析学术文章、新闻报道等,训练批判性阅读和思考能力。教师可以引导学生使用这些工具进行文本分析,提升批判性思维能力。

2.创新思维的激发

(1)创新思维的重要性。创新思维是指产生新颖、独特和有价值的想法和解决方案的能力。在全球化和信息化的社会中,创新思维的重要性尤为突出。创新思维是知识经济时代的核心竞争力,无论是企业还是个人,只有具备创新思维,才能在激烈的竞争中脱颖而出,实现持续发展。创新思维有助于个人全面发展,创新思维不仅体现在科学技术和商业领域,也体现在日常生活和学习中。具备创新思维的人更能够适应快速变化的环境,发现和把握新的机遇,解决复杂问题,提升个人成就感和幸福感。对于大学生而言,创新思维尤为重要。在学术研究中,创新思维能够推动新理论、新方法和新技术的产生,拓展知识边界,促进社会进步。大学英语教学中培养学生的创新思维,不仅有助于提高学生的英语语言能力,还能够培养他们的跨学科思维能力,提升综合素质和竞争力。

(2)创新思维的训练与深度学习技术结合。在大学英语混合式教学中,深度学习技术为创新思维的训练提供了新的方法和手段。以下是将创新思维训练与深度学习技术结合的几个策略。①利用深度学习技术进行个性化学习,促进创新思维的发展。深度学习技术能够根据学生的学习情况和需求,提供个性化的学习资源和指导,例如,智能学习系统可以推荐适合学生的英语学习材料,提供针对性的练习和反馈,帮助学生在自主学习中探索和发现新的知识点和语言应用方法。[①] 通过个性化学习,学生可以培养自主学习能力和创新思维。②利用虚拟现实和增强现实技术,创造沉浸式学习环境,激发学生的创新思维。虚拟现实和增强现实技术可以模拟真实的语言使用情境,让学生在虚拟环境中进行语言实践和问题解决。例如,通过模拟国际会议、跨文化交流等活动,学生可以在沉浸式环境中体验和应用英语,激发创造性的语言运用能力和跨文化沟通能力。③利用大数据分析和人工智能技术,提供多样化的学习资源和活动,培养学生的创新思维。大数据分析能够从海量学习数据中提取有价值的信息,帮助学生发现学习规律和改进学习方法。人工智能技术可以设计智能学习任务,如写作机器人、智能对话系统等,提供多样化的学习体验和创新实践机会。通过这些技术,学生可以在多样化的学习环境中锻炼创新思维能力。④利用在线学习平台和协作工具,促进学生之间的交流与合作,激发创新思维。在线学习平台和协作工具为学生提供了便捷的交流和合作平台,学生可以通过小组讨论、项目合作等活动,共同探讨和解决问题,分享创意和经验。教师可以设计开放性和挑战性的学习任务,鼓励学生在合作中发挥创造力,培养团队合作精神和创新思维能力。⑤结合深度学习技术,开展跨学科和跨文化的学习活动,拓宽学生的创新思维视野。跨学科和跨文化的学习活动能够激发学生的好奇心和探索欲望,拓宽他们的知识面和思维深度。例如,通过与其他学科合作,设计跨学科项目,如英语与科技、英语与艺术等,学生可以在跨学科的视角中发现新的知识联系和应用方法,培养创新思维。

---

① 秦艳霞、曾佩璟、陈武:《基于深度学习优化大学英语教学生态系统研究》,《教育教学论坛》2023年第10期,第121—124页。

3.逻辑思维与分析能力

在深度学习视域下,大学英语混合式教学不仅要培养学生的批判性思维和创新思维,还需要特别重视逻辑思维与分析能力的培养。逻辑思维是分析和解决问题的基础,对于学术研究、日常生活和职业发展都至关重要。

逻辑思维是指人们在认识和解决问题过程中,运用概念、判断、推理等形式,对事物进行分析、综合、比较、抽象和概括,从而得出结论的过程。它是一种结构化、系统化和规范化的思维方式。逻辑思维的基本原理包括概念、判断、推理。

在深度学习视域下,大学英语混合式教学可以通过多种途径和技术手段来培养学生的逻辑思维与分析能力。

(1)大数据分析与逻辑思维训练。利用大数据分析技术,教师可以帮助学生从海量的英语学习数据中发现规律和模式,培养他们的逻辑思维能力。例如,通过分析词汇使用频率、语法结构和句型搭配,学生可以掌握英语语言的逻辑规则,提升语言分析能力。教师可以设计数据驱动的学习任务,鼓励学生进行数据分析和逻辑推理。

(2)在线学习平台与互动讨论。在线学习平台为逻辑思维训练提供了丰富的资源和工具。通过在线讨论、辩论和协作学习,学生可以在互动中锻炼逻辑思维能力。教师可以设计开放性问题,鼓励学生发表观点、进行辩论和提出论据,培养他们的逻辑表达和论证能力。在线平台还可以提供即时反馈,帮助学生发现和纠正逻辑错误。

(3)智能写作工具与逻辑分析。智能写作工具可以辅助学生进行学术写作,提高他们的逻辑思维能力。这些工具可以提供语法检查、句子结构分析和逻辑一致性评估等功能,帮助学生在写作过程中进行自我评估和改进。通过智能写作工具,学生可以学习如何构建逻辑严密的论证结构,提升学术写作能力。

(4)虚拟现实与情景模拟。虚拟现实技术可以模拟真实的语言使用情境,让学生在虚拟环境中解决问题、做出决策。通过模拟现实场景,如商务会议、跨文化交流等,学生可以在实践中锻炼逻辑思维和分析能力。虚拟情境中的问题解决过程要求学生进行逻辑推理和决策,有助于提高他们的思维灵活性和严密性。

(5)跨学科项目与逻辑思维训练。跨学科项目为学生提供了综合运用知识和技能的机会,有助于培养他们的逻辑思维能力。例如,英语与计算机科学、心理学等学科的结合,可以让学生在跨学科的视角下,进行逻辑推理和问题解决。通过跨学科项目,学生可以学习如何将不同学科的知识进行有机整合,提升逻辑思维和综合分析能力。

(6)自主学习与逻辑思维提升。深度学习技术可以为学生提供个性化的学习路径和资源,促进自主学习和逻辑思维能力的提升。通过个性化学习平台,学生可以根据自己的学习需求和兴趣,选择适合的学习材料和任务。教师可以引导学生进行自主学习,并提供逻辑思维训练的指导和支持。

(四)对大学生信息素养的要求

1. 信息获取与处理能力

深度学习视域下的大学英语混合式教学应注重培养学生的信息获取与处理能力。通过大数据技术、在线学习平台、信息素养课程、项目式学习和人工智能工具等手段,学生可以在多样化和创新性的学习环境中提升信息素养,增强信息获取与处理能力,从而更好地适应信息化时代的学习和生活。以下是一些具体的策略。

(1)利用大数据技术进行信息检索与筛选。大数据技术可以帮助学生从海量信息中快速找到所需的资料。智能推荐系统可以根据学生的学习兴趣和需求,推荐相关的学习资源,帮助学生提高信息获取效率。

(2)在线学习平台与资源库的利用。在线学习平台和资源库为学生提供了丰富的学习资源。学生可以通过这些平台获取最新的学术文章、学习视频、电子书和其他学习材料。教师可以指导学生如何使用这些平台,提高他们的信息获取能力。

(3)信息素养课程与培训。学校应开设信息素养课程,帮助学生掌握信息检索与处理的基本技能。这些课程可以包括搜索引擎使用技巧、数据库检索方法、信息评价标准和引用规范等内容。通过系统的培训,学生可以提高信息素养,增强信息获取与处理能力。

(4)项目式学习与信息处理能力培养。项目式学习是一种有效的教学方法,可以培养学生的信息处理能力。在项目式学习中,学生需要针对某一主题进行深入研究,搜集和分析大量的信息,最终完成报告或论文。这一过程能够有效锻炼学生的信息检索、筛选、评价和综合能力。

(5)利用人工智能工具进行信息分析。人工智能工具可以帮助学生进行信息分析和处理。例如,文本分析工具可以自动提取文本中的关键信息,帮助学生快速理解和整理资料;翻译软件和语音识别技术可以帮助学生更好地获取和处理外语信息。

2. 信息安全与隐私保护

在深度学习视域下,大学英语混合式教学不仅要求学生具备信息获取与处理能力,还要求他们具备信息安全与隐私保护的意识和技能。[①] 随着信息技术的广泛应用和互联网的普及,信息安全与隐私保护问题变得日益重要。大学生作为互联网的主要使用群体,必须具备相应的信息安全素养,才能在数字化学习和生活中保护自己。

(1)信息安全与隐私保护的基本概念。①信息安全是指保护信息系统及其内容免受未经授权的访问、使用、泄露、破坏、修改或丢失的行为。对于大学生来说,信息安全不仅涉及个人信息和数据的保护,还包括对网络威胁和安全风险的识别和应对。例如,学生在使用网络资源时,应避免下载和安装来历不明的软件,防止病毒和恶意软件的侵入。此外,学生应定期更新操作系统和应用软件的安全补丁,确保系统的安全性。②隐私保护是指个人信息的保密性和隐私权的维护,在大学英语混合式教学中,学生需要使用各种在线学习平台和工具,这些平台和工具往往会收集和存储学生的个人信息。学生应了解隐私保护的基本原则,如最小化数据收集、数据加密、匿名化处理等,确保个人信息不被滥用。

(2)提高信息安全与隐私保护能力的具体策略。①信息安全与隐私保护教育。学校应开设信息安全与隐私保护相关的课程或讲座,帮助学生了解网络安全的基本概念、常见的网络威胁以及应对措施。这些课程应包括密码管理、数据加密、社交工程防范、身份验证等内容,使学生掌握基本的信息安全技能。②使用强密码和多因素认证:学生在注册和使用各类在线学习平台时,应设置强密码,并定期更换。同时,启用多因素认证,如短信验证、邮箱验证等,提高账户的安全性。③保护个人信息:学生应谨慎对待个人信息的共享和发布。在社交媒体和在线学习平台上,不随意公开个人详

---

① 杨波:《大学英语线上线下混合式教学模式构建研究》,《吉林农业科技学院学报》2022 年第 5 期,第 117—120 页。

细信息,如身份证号、家庭住址、联系方式等,防止信息泄露和身份盗用。④警惕网络诈骗和钓鱼邮件:学生应增强防范意识,对来历不明的邮件和链接保持警惕,不随意点击和下载附件,防止上当受骗和信息泄露。⑤定期备份数据:学生应养成定期备份重要数据的习惯,以防止因设备故障或恶意攻击导致的数据丢失。可以使用云存储服务或外部存储设备进行备份,确保数据安全。⑥使用安全的网络连接:在使用公共网络时,学生应避免进行敏感信息的传输,如在线支付、账户登录等。尽量使用虚拟专用网络(VPN)来加密通信,提高网络连接的安全性。

3. 数字时代的学习与生活

在深度学习视域下,大学英语混合式教学对学生的信息素养提出了新的要求,其中数字时代的学习与生活能力尤为关键。随着信息技术的快速发展,数字化已渗透到学习和生活的方方面面。大学生不仅需要掌握传统的学习技能,还必须适应和利用数字工具和资源来提升学习效果和生活质量。

(1)数字时代学习与生活的相关要求。①数字时代的学习要求学生具备有效利用数字资源和工具的能力。在大学英语课程中,这意味着学生需要熟练使用各种在线学习平台、数字图书馆、电子书籍和语言学习应用等资源。深度学习技术提供了个性化和互动性的学习体验,通过在线课程、视频讲解、互动练习和虚拟课堂等方式,学生可以随时随地进行学习。此外,学生还应学会使用数据分析工具和学习管理系统,跟踪和评估自己的学习进度,制定科学的学习计划和目标。②数字化生活还要求学生能够合理规划和管理时间。信息时代提供了丰富的娱乐和社交资源,学生需要具备自我管理能力,避免过度依赖电子设备和网络。合理使用社交媒体和娱乐应用软件,可以帮助学生放松和保持社交联系,但过度使用则可能导致时间浪费和学习效率下降。学生应学会制订日常作息计划,合理安排学习时间和休息时间,提高时间管理能力。③数字时代的生活要求学生具备良好的信息伦理和数字公民意识。在网络环境中,学生需要遵守网络道德和法律法规,尊重他人的知识产权和隐私权。学生应了解网络安全知识,保护个人信息和数据安全,防范网络欺诈和网络暴力。培养良好的网络行为习惯,树立正确的价值观和社会责任感,是成为合格数字公民的重要素质。

(2)适应数字时代的学习与生活的措施。为帮助学生适应数字时代的学习与生活,大学可以采取以下措施:①信息素养课程。开设信息素养相关课程,帮助学生系统学习数字工具的使用方法、信息检索与处理技巧、时间管理策略以及网络伦理和安全知识。②数字学习资源的提供与培训。为学生提供丰富的数字学习资源和工具,并组织培训和工作坊,指导学生如何高效利用这些资源进行学习和研究。③数字化校园建设。打造智能化和数字化校园环境,提供高速稳定的网络连接、智能教室和电子图书馆等设施,支持学生的数字化学习和生活。④网络素养教育。通过讲座、研讨会和在线课程等形式,开展网络素养教育,提高学生的信息伦理意识和数字公民素养。

第六章

深度学习视域下大学英语混合式教学评价体系

深度学习视域下的大学英语混合式教学评价,是现代教育评价体系中的核心内容,这种评价模式,既关注学生知识的习得和技能的提升,也侧重于关注学生在学习过程中的深度思考、批判性思维和创新能力的发展。因此,这样的评价方式强调将深度学习理念融入教学中,通过整合线上线下教学资源,采用多元化的教学方法,激发学生的自主学习热情,进而培养学生在复杂情境中解决问题的能力。具体来说,混合式教学评价注重对学生的全面考察以期实现大学英语教育目标的多元化和个性化。也正因如此,评价维度涉及语言基本技能、跨文化交际能力、思辨能力以及团队协作精神等多方面。此外,这种评价方式也强调对学生学习过程的实时监控和反馈,通过形成性评估和总结性评估相结合的方式,帮助学生发现自身的优点与不足,及时调整学习策略,从而促进学生的持续进步和发展。

一、教学评价的取向与标准

(一)深度学习视域下大学英语混合式教学评价的取向

1. 深度学习视域下大学英语混合式教学评价的发展取向

就社会现实而言,全球化时代的到来以及信息化社会的快速发展,为人们的生活、工作等带来极大的变化。受此影响,教育更趋强调人的均衡发展,并试图以此指导人类行动。因此,教育评价越来越强调以人为本,教育评价体系构建也更趋追求教学质量提升、教师综合发展及学生差异化尊重。所以,大学英语教学评价也应从发展取向角度入手,推进教学质量提升与学生全面发展。一方面,希望大学英语教学评价能够大力关注学生创新精神与个性发展,另一方面,希望大学英语教学评价推动教学质量提升。鉴于此,笔者认为,追求发展取向的教学评价理念,在教育领域,尤其是大学英语混合式教学中,主张彻底摒弃仅对学生当前的语言知识技能进行单一测量的传统评价方式。这种取向强调教育的目标不仅仅是提高学生的语言水平,而是更多地关注学生的全面可持续发展,确保学生能够接受全方位教育,进而为自身的未来学业选择和职业生涯发展奠定坚实基础。而要充分论述深度学习视域下大学英语混合式教学评价的发展取向,具体可以从认知、思维能力发展、情感态度和价值观发展三个层面进行。

(1)从认知层面来讲,一方面,评价设计应注重培养学生的实际语言运用准确性,包括词汇、语法的掌握程度,以及在复杂语境中表达思想的能力,这样可以提升教学质量。混合式教学充分实现了对线上和线下两种不同的教学方式的优势整合,为学生提供了丰富的语言实践平台,让学生能够在实际操作中不断练习和提升语言技能。因此,评价应关注学生在英语听、说、读、写、译各方面的能力发展,让学生积累丰富的词汇量,提升语法运用能力,提高发音准确性,掌握扎实的写作技巧。同时,通过线上平台的习题、测验和项目,以及线下课堂的讨论和小组合作,学生也能够得到更全面的语言实践机会,从而更好地掌握英语这门交流工具。另一方面,评价方式应该是多元的,这样能够突出学生的个性化发展。具体可以将形成性评价、总结性评价、同伴评价、学生自评等充分结合起来,全面了解学生的个性特点和发展需求,为每个学生提供个性化的指导和支持,激发学生的学习动机,提高学生的综合素质。

(2)从思维能力发展的层面来讲,评价亦应重视学生在高阶思维活动中的表现,这样有助于培养学生的创新能力。深度学习倡导的批判性思维,要求学生能够独立思考、分析和解决问题,而不是盲目接受知识或者获得对知识的浅层理解。另外,深度学习也强调学生基于创新性思维,积极探索未知,提出独特见解。鉴于此,在混合式教学评价中,应设计相关任务,让学生运用批判性思维去判断、评估知识所传递的信息,并运用创新思维利用所获得的知识信息解决实际问题,从而全面评价学生的智力潜能和创新能力。①

(3)从情感态度和价值观发展的层面来讲,大学英语混合式教学不仅强

---

① 闫虹、胡小明、张慧成:《基于深度学习的大学英语三维混合式教学模式探索》,《海外英语》2022年第17期,第150—151页。

调教授学生语言知识,也强调培养学生更高维度的跨文化意识和国际视野。而在这个过程中,评价应关注学生在学习过程中的情感变化,如自信心、兴趣、态度等心理因素对学习的影响,以及学生在面对不同文化背景时的包容性、尊重度和歧视敏感度。同时,教师也应关注学生的价值观发展,即学生在学习过程中形成的道德观念、社会责任感以及对全球议题的认知与态度。具体而言,混合式教学评价可以通过任务布置、课堂讨论、项目合作等形式,考查学生是否具备跨文化交际的能力和意识,能否理解和尊重他人的观点,能否运用适当的语言策略进行得体沟通,以及能否在团队中发挥积极作用以实现共同目标。

总之,发展取向的教学评价理念,在大学英语混合式教学中具有至关重要的意义,建议广大教育工作者深入理解和贯彻这一理念,以更好地培养全面发展的优秀人才。

2. 深度学习视域下大学英语混合式教学评价的过程取向

过程取向的教学评价强调对学生的全学习过程予以关注与评价,而非仅关注学生最终的学习成果。这种评价方式认为,学生的学习过程应该包含学生的思考方式、问题解决能力、创新思维以及学习态度等多个维度,这些才是教育的主要目标,而不是仅仅关注学生是否记住了某个知识点或者通过了某次考试。因此,针对大学生的英语混合式学习参与的过程性评价,应从这些维度出发。在深度学习视域下,大学英语混合式教学评价的过程取向主要体现在以下几个方面。

(1)评价应关注学生在学习过程中的参与度和努力程度。在大学英语混合式教学中,学生需要通过线上自主学习、线下小组讨论以及课堂展示等多种形式参与学习过程,且要求学生在参与这些活动时做到积极投入,主动思考,并要求学生在面对学习参与过程中遇到的困难时,学会坚持和努力。

(2)评价应关注学生在学习过程中的思维活动和技能运用。深度学习要求学生在学习过程中进行积极的分析、综合、评价等思维活动。同时,还要求学生运用各种技能来完成信息搜索、整理归纳、口头表达等学习任务。这涉及学生混合式学习过程中如何分析问题、如何获取和处理信息、如何组织自己的想法、如何与他人有效沟通等多方面的参与环节。因此,大学英语混合式教学评价也理应关注学生在这些方面的表现,希望学生能够在学习过程中,基于每一个环节的参与而不断提高自身的综合素质。

(3)评价应关注学生在学习过程中的反馈和调整。混合式教学为教师提供了更多的机会来观察学生的学习过程并及时给予反馈。教师可以通过线上和线下的教学方式,更好地帮助学生解决问题和困惑。同时,学生也可以通过自我反思和互评等方式来了解自己的学习情况并做出调整。这个反馈和调整的过程是非常重要的,可以帮助学生更好地了解自己的学习情况,发现自己的优点和不足,进而制订更合适的学习计划和方法。因此,评价应重视这些反馈和调整过程,以及反馈和调整结果对学生学习效果产生的积极影响。

总之,过程取向的教学评价非常重要,能够帮助教师更全面、深入地了解每位学生的学习状况和进步轨迹,通过观察和分析学生在混合式学习过程中的表现,教师可以发现学生深度学习中的强项和短板所在,从而有针对性地调整教学内容和方法,制定更符合学生个性化需求的教学计划。这样不仅能够提高教学效果,确保学生更好地掌握知识技能,还能有效促进学生的全面发展。而且过程取向的大学英语混合式教学评价,不仅关注学生的最终成果,更能反映学生在深度学习过程中的付出、努力和成长。这种评价方式在一定程度上体现了教育公平原则,因为无论学生的起点如何,只要学生在学习过程中积极投入、持续进步,就有可能取得令人满意的学习成果。过程取向的教学评价,还有利于培养学生的自主性和责任感,当学生意识到自己的努力和学习成果受到重视和肯定时,学生会更主动地参与学习过程,积极参与课堂活动和社会实践,通过自我管理和自我激励来提高自己的学习能力。

3. 深度学习视域下大学英语混合式教学评价的综合取向

在深度学习视域下,大学英语混合式教学的评价取向呈现出多维度的特征,旨在全方位地、精准地反映学生的学习状况,有力推动学生的深度学习,进而促进学生的全面发展。

(1)评价应灵活运用多元化的评价工具和手段,以确保能够立体化地把握学生的学习状况。教师可通过问卷调查的方式,深入了解学生对混合式教学课堂内容的掌握程度以及学生对教学方式的反馈,并通过细致的观察,把握学生在课堂上的表现、参与度等。同时,教师也可以通过作品集展示,洞察学生的创新能力、批判性思维等。而基于在线测试,教师则可检验学生对知识点的理解深度和掌握程度。这些工具和方法相辅相成、多元结合,可以为学生构建全面立体的综合性学习评价体系。

(2)评价应注重学习成果与学习过程的有机融合。学生的学习成果是学生学习过程的有效转化,而学习过程则是实现成果转化的关键路径。因此,大学英语混合式教学评价应兼顾二者,既要审视学生的学习成果是否达到预设目标,又要关注学生在深度学习过程中展现的思维进展与技能提升。例如,在英语写作课程中,教师不仅要关注学生最终完成的作品的质量,还要密切留意学生在写作过程中的思维活跃度、论证能力,以及语言表达的准确性和流畅性等。这种对学习成果与过程并重的综合评价方式,有助于教师更全面地把握学生的学习状况,并针对性地为学生提供反馈与指导,从而有力促进学生写作能力的跃升。

(3)评价应充分尊重并体现学生的个体差异与多样性。每个学生都是独一无二的个体。因此,学生在学习能力、兴趣爱好、性格特点等方面存在显著差异。在深度学习视域下的大学英语混合式教学评价中,教师应秉持以人为本的原则,采用个性化的评价策略和标准,以更好地促进每个学生的个性化发展。例如,对于擅长口语表达的学生,教师可以设计更多口语表达相关的创作任务,安排更多的演讲或辩论活动,以便于为学生的个性发展提供更多机会,通过这种方式,每个学生也都能在适合自己的领域内大放异彩,从而进一步激发学生的学习热情和自信心。同时,教师还可以借助这些个性化的评价策略,发现并培养学生的潜在能力和特长,帮助学生更好地认识自己、规划自己的学习路径和发展方向。这种以人为本的评价方式,不仅有助于提升学生的综合素质和能力水平,还有利于学生未来的长远发展。

综上所述,深度学习视域下大学英语混合式教学评价的取向是一个涉及多维度、多层面的复杂过程,要求教师在评价过程中要关注学生语言技能、文化知识等方面的全面发展,也要求教师深入探究学生的学习过程,关注学生的学习过程参与度,强化学生的合作学习精神,提升学生的自主学习能力,也要求教师注重量化评价和质化评价的有机结合,既要通过考试、测验等量化手段来衡量学生的学习成果,又要重视对学生学习策略、思维方式和情感态度的深层次分析。同时,深度学习视域下大学英语混合式教学评价的取向,还强调教师要尊重并接纳学生的个性差异,正确认识每个学生在兴趣特长、性格特点等方面的独特性,并着重培养学生在未来学习和职场中所需具备的创新精神、批判性思维和问题解决能力等可持续发展能力。

当然,在具体的实践过程中,需要教师巧妙地将这三个取向融入实际教学评价之中。例如,在设计评价任务时,教师可以巧妙地将学习成果与过程融合,同时体现对学生的个性化关注与发展。在分析评价结果时,教师则应针对不同学生的特点与需求,精心提出具体的改进建议和教学策略。根据评价结果做出反馈时,教师则应及时调整和优化混合式教学设计,不断地完善教学设计,提升教学质量。也只有通过这样多元结合的方式,教师才能够更有效地促进学生的深度学习与发展,助力学生在学术和人生的道路上取得更大的成就。

(二)深度学习视域下大学英语混合式教学评价的标准

在深度学习视域下,大学英语混合式教学评价的标准构建,是一个既深邃又复杂的系统工程,旨在全面、客观、公正地反映学生在混合式教学模式下的学习成效和教师的教学效果。这样的评价标准,不仅应关注学生的知识掌握、技能提升等学业进步方面,更要着眼于学生的自主学习能力、思维能力、创新能力、合作意识等方面,这样才有助于学生深度学习能力的形成和发展。此外,这些标准还应引导教师从深度学习的视角去审视和改进混合式教学的全过程,包括但不限于教学内容的设计、教学方法的选择、教学资源的整合、教学过程的监控与指导等各个环节,以此来推动教师不断提升混合式教学的实践能力和研究水平。同时,教师亦应打破传统单一的教学评价模式,构建多维度、立体化的综合性教学评价体系,这也是深度学习视域下教师落实好大学英语混合式教学工作的必然要求,这包括但不限于对学生学习成果的量化评估、对教师教学活动质效的定性评价、对教学全过程动态管理的有效监控,以及对学生个性化成长和教师专业发展需求的关注与支持。

1.引领学生持续进步

在深度学习视域下,大学英语混合式教学评价的首要标准,就是引领学生不断进步,这主要体现在以下几个方面。

(1)提高学生的自主学习能力。混合式教学评价的核心目标之一是激发学生的自主学习潜能。这种模式整合线下实体课堂与线上数字资源,为学生提供个性化、多元化的学习途径。在线平台上的视频教程、互动练习、模拟测试等各类教育资源,极大地丰富了学生的学习方式,学生通过自主选择学习时间、进度和路径等,能够在轻松愉快的环境中逐步提升英语听、说、读、写能力。同时,教师可以设计一系列在线讨论、小组合作和项目研究等互动性强的活动,据此鼓励学生积极参与,借助评价机制,积极利用网络平台自主学习,且能够独立解决问题和适应不同学习环境。

(2)提升学生的思维能力。评价系统特别强调对学生高阶思维能力的考察,如批判性分析、独立评价以及创新思维等。教师可以精心策划一系列丰富多样的英语学习任务和挑战性强的项目,这些任务和项目旨在引导学生深入挖掘英语知识的本质内涵,进而鼓励学生探究这些英语知识在现实生活中的应用场景,从而激发学生内在的学习动力。在完成任务和项目的过程中,学生需要学会运用所学英语知识去解决实际问题,这不仅能够锻炼学生的实践能力,更能够促使学生在理解的基础上灵活运用英语,这便于逐渐引导学生形成个人独特的见解和策略。久而久之,学生的独立思考和问题解决能力都会得到极大提升,学生的创新意识和批判性思维也能得到极大培养。

(3)增强学生的跨文化交际能力。混合式教学评价体系着重考核学生的跨文化交际能力。在英语学习过程中,学生需要了解和尊重世界各地的文化差异,并逐步增强自己的跨文化意识和交际能力。教师需要引入多元化的文化主题和学习材料,让学生感受并欣赏到英语所承载的丰富文化底蕴。同时,教师还应组织一系列实践活动,如模拟联合国、国际文化交流活动等,让学生在真实的语境中运用英语进行交流沟通。通过这些活动,学生不仅能够拓宽自己的视野,增进对不同文化的理解和欣赏,更能够提高自己的跨文化交际能力和全球竞争力。

2.深度学习视域下大学英语混合式教学的全过程教师引导策略

在深度学习视域下,大学英语混合式教学的评价机制,应当全面引导教师深度介入,并精细化把控整个教学过程,确保从教学设计的策划阶段,到教学实施的执行过程,再到教学效果的评估与反馈,每一个环节都能体现深度学习的理念,实现对学生高级认知能力和综合素质的有效培养。具体而言,教师需要关注以下几个方面。

(1)完成对教学设计的评价。在深度学习视域下,教学设计应充分考虑学生的认知特点和需求,以构建有利于学生深度学习的环境。一方面,教师需要关注教学目标是否明确,教学内容是否具有深度和广度,教学策略是否多样且适应学生的学习风格。另一方面,教师还需要关注教学评价的设计是否具有针对性和可操作性,能否有效地评估学生的学习成果。此外,教师还需要关注教学资源的丰富性和多样性,以确保学生能够获取丰富的学习材料和多元化的学习体验。

(2)完成对教学实施的评价。在教学实施过程中,教师需要关注学生的学习状态和互动情况。通过观察学生的参与度、积极性以及合作能力,教师可以了解学生的学习态度和学习能力。同时,教师还需要关注学生对问题的解决能力,通过引导学生进行独立思考和解决问题,培养学生的创新思维和实践能力。在教学过程中,教师还需要及时调整教学策略,确保教学质量。教师还要关注课堂氛围的营造,师生共同创建一个积极、互动性强、有利于学生深度学习的课堂环境。

(3)完成对教学效果的评价。教学效果的评价是教学过程中的重要环节。教师需要通过评估学生的学习成果和学习过程反馈情况,了解学生的学习进步和存在的问题。根据评估结果,教师可以调整教学策略,为下一阶段的教学提供改进的依据。同时,教师还需要关注学生的综合素质和发展潜力,为学生的未来发展提供有力的支持。教师还需要对教学方法和策略进行反思和总结,不断提升自身的教学能力和专业素养。

3. 深度学习视域下的多维度、立体化的综合性教学评价

在传统的教学评价体系中,往往存在以单一考试成绩来衡量学生学习效果的状况。这种做法不仅忽视了学生在学习过程中的多元化表现,如创新思维、团队协作、解决问题的能力以及情感态度等方面的发展,而且限制了学生对知识技能在不同情境下的灵活应用和个性化发展。而在深度学习视域下,教育者需要重构教学评价体系,实施多维度、立体化的综合性教学评价。

(1)打造多元化的评价主体。传统的教学评价通常以教师为主体,对学生进行单向的、垂直的评价。然而,这种单一的评价方式,往往无法全面反映学生的实际情况,也无法充分发掘学生的潜能。因此,在混合式教学评价中,除了教师评价外,还应引入学生自评、互评以及企业等社会评价主体,形成多元化的评价主体结构。① 这样不仅可以更全面地了解学生的学习情况,

---

① 顾华:《大学英语混合式教学有效性研究》,《延边教育学院学报》2022年第3期,第112—114页。

还可以促进学生的自我反思和相互学习。

(2)融入多样化的评价内容。评价内容是教学评价的核心。传统的单一性教学评价往往过于注重学生的考试成绩,忽视了学生其他方面的发展。在深度学习视域下,混合式教学评价应打破这种局限性,实施多维度、立体化的综合性教学评价。评价内容应涵盖学生的知识掌握、技能运用、情感态度等多个方面,从而全面反映学生的学习情况和发展状况。例如,除了考查学生的理论知识掌握情况外,还应重视学生的实践操作能力、创新思维和团队协作精神等方面的评价。

(3)选择多层次的评价方式。传统的单一性教学评价以考试成绩为唯一评价标准,而这从根本上忽视对学生的学习过程和学习态度等方面的关注。这种做法不仅无法全面反映学生的学习情况,也无法充分激发学生的学习兴趣和积极性。在深度学习视域下,混合式教学评价应综合运用定量评价和定性评价等多种方式。定量评价可以客观地反映学生的学习成果,而定性评价则可以更深入地了解学生的学习过程和学习态度等方面的表现。例如,除了传统的笔试外,还可以采用作品制作、项目设计、口头报告等多种方式进行综合评价,而这种综合性的评价方式,可以充分实现学生英语学科核心素养的综合提升。

4. 提升学习成效

在深度学习的教育理念中,学习成效的评价被赋予了至关重要的地位。深度学习强调的不单是对表面知识的简单记忆和再现,更重要的是学生对知识的深度理解和应用,这种应用包括对知识本质的把握、内在逻辑的联系以及在实际情境中的迁移和转化。因此,在混合式教学模式中,学习成效评价成为教学质量监控与保障的关键环节。具体而言,学习成效评价应关注以下几个方面。

(1)知识掌握与运用方面的评价。全面评估学生对课程知识的掌握程度,不仅包括对基本概念、原理的准确记忆,更强调对知识内涵外延的深入理解和灵活运用。为了达成这一目标,教师可以设计多样化的学习活动,如作业、测试和项目等,这些活动旨在考查学生如何将理论知识应用于实际情境中,比如解决现实世界中的问题,或者对复杂情况做出理性分析和判断。

(2)批判性思维与创新精神方面的评价。深度学习鼓励学生发展批判性思维和创新能力,这在学习成效评价中也占据核心位置。这要求教师在评价过程中关注学生的高级认知能力,如在小组讨论中的观点阐述、独立思考与互相质疑,在面对复杂问题时能否进行深入剖析,以及能否跳出固有框架提出新颖独特的解决方案。此外,学生应能够根据已有的知识体系对新的信息做出评价和判断,并基于此进行反思和改进。

(3)学习态度与习惯方面的评价。学习态度和习惯对于提升学习成效具有长远的影响。在评价一个学生的深度学习效果时,还需要考察其学习态度是否积极端正,是否展现出强烈的学习主动性和积极性。同时,也要看学生是否养成了良好的学习习惯,如自主探究学习、合作互动学习、持续反思总结等。这些习惯和态度不仅有助于提高学生当前的学习效率,更能塑造学生的长远发展轨迹,使学生在未来的知识探索和创新活动中更具竞争力。

5. 优化教学资源

在教学实践中,教学资源不仅是教学内容的载体,更是推动学生深度学习、有效吸收知识的重要工具。因此,对教学资源进行全面、深入的评价显得尤为关键。以下是关于教学资源评价的几个核心维度。

(1)教学资源的丰富性与针对性。评价教学资源时,首先要考察其数量与种类的丰富程度,是否涵盖了与课程内容紧密相关的基础知识、拓展资料以及实践案例等多元资源,以便满足不同层次、不同背景学生的个性化学习需求。同时,教学资源的设计应紧扣课程目标和学生实际认知水平,确保资源内容与教学目标相一致,能够帮助学生逐步突破学习中的重点和难点,实现知识的有效建构。

(2)教学资源的更新与维护。在混合式教学模式中,教学资源的更新频率和维护状况直接影响到教学内容的时效性和教育质量。优秀的教育资源应该随着学科知识的更新和发展不断迭代完善,以反映最新的科研成果、教育理念和教学策略。评价时应关注资源更新机制是否健全,是否设有定期审查和修订制度,以及资源平台的技术维护能力如何,能否确保资源的稳定访问和有效运行。

(3)教学资源的易用性与可访问性。优秀的教学资源还应当确保学生能够轻松便捷地获取并使用。评价时需考察资源的界面设计是否友好清晰,是否符合用户操作习惯,交互设计是否合理,是否支持多种学习工具与操作方式。同时,要测试资源在不同设备和网络环境下的兼容性和加载速度,确保各类学生群体都能顺利地获取并应用这些资源进行自主学习或合作学习。

总之,在深度学习视域下的大学英语混合式教学评价中,应以学生为中心,关注他们的全面发展。同时,也要重视教师的引导作用、教学过程的优化以及学生的学习成效。通过实施多维度、立体化的综合性教学评价,可以更加科学、有效地评估学生的学习效果和教师的教学质量,进而提高教学评价的科学性和有效性。这样的评价标准才是能够真正满足现代大学英语教学现实需求的。

二、教学评价的原则及方法

(一)深度学习视域下大学英语混合式教学评价的原则

教学评价作为教学过程的重要组成部分,其设计与实践应遵循一系列原则,以确保评价的科学性、公正性和有效性。本书将从全面性原则、系统性原则、可操作性原则、灵活性原则、发展性原则、过程性原则、多元性原则、公正性原则等多个方面,深入探讨深度学习视域下大学英语混合式教学评价的原则。

1. 全面性原则

在构建混合式教学的综合评价体系时,全面性原则是其理论基石和核心主张,这一原则强调评价过程应涵盖教学的所有关键组成部分,并进行深入细致的审视与量化评估,以确保评价结果能够真实反映教学的整体质量和效果。具体而言,全面性原则不仅关注教学大纲的设计是否合理、教学内容的编排是否系统完整,还考察教师的教学方法运用和创新能力,如在线资源的整合、课堂活动的设计、个性化学习路径的构建等,以促进学生对英语的主动学习和深度理解。

同时,全面性原则也体现在对技术层面的严格把关上,包括但不限于教学管理平台的功能完备性、稳定性及易用性,资源平台的更新维护效率,以及在线测试、作业提交与反馈等各个环节的衔接流畅程度。这些硬件设施与软件服务的综合性能,直接影响到混合式教学的实施效果和学生的学习体验。

更重要的是,全面性原则要求对学生学习成果进行多维度、深层次的剖析。这不仅仅包括学生对课程基本理论知识的掌握程度,还特别强调重视学生在实践操作、项目设计、问题解决等方面能力的提升,以及在这个过程中培养起来的批判思维及创新意识等核心素养。

遵循全面性原则实施的多维、多层次的评价方式,能够全方位、立体化地反映混合式教学的实际成效,为教学改进提供强有力的数据支持。这种评价机制有助于教师及时发现问题并采取针对性的教学策略调整,同时也为教育资源的合理配置和混合式教学模式的持续优化提供了动力,从而有效地落实教育目标,并确保教学质量的稳步提升。

2. 系统性原则

在教学评价中,系统性原则的核心地位不容忽视。这一原则倡导将教学评价视为一个有机统一的过程,强调在教学设计、实施以及反馈等各个环节中做到整体协调与优化。在大学英语混合式教学模式中,这一原则尤为重要。具体来说,在评价大学英语混合式教学效果时,应当充分体现系统性原则,并将这一原则贯彻到各个评价维度。

(1)要重视并整合线上学习平台所积累的数据资源,通过对学生在线学习时长、活动参与度、资源利用效率等多元化数据的分析,来客观反映学生的自主学习能力和对课程内容的吸收程度。因为这些数据可以提供关于学生学习行为、学习风格、学习成效等方面的信息,为教师调整教学策略、改进教学方法提供科学依据。

(2)线下课堂表现应当纳入评价体系,关注学生在面对面交流中的互动积极性、参与讨论的质量以及独立完成作业的情况,从而全面考察学生的语言应用能力和团队协作精神。因为课堂表现是学生在短期内对知识理解和掌握程度的重要反映,也是评价学生学习效果的一个重要方面。

(3)作业完成情况也是反映学生独立思考和创新能力的重要窗口,可用以详细记录并评价学生完成作业的准时性、准确性和完整性,以此激励学生养成良好的作业习惯以及保持自主学习的动力。同时,测试成绩作为检验学生学习效果和成就的重要手段,需要科学设计各类测验或考试,确保测验或考试的结果能有效衡量学生对课程知识的掌握程度和应用能力。为了确保测试成绩的有效性和准确性,教师需要科学设计各类测验或考试,包括制定明确的评分标准、确保考试内容与教学目标一致等。这样,测试成绩才能成为评价学生学习效果的重要依据。

系统性原则要求我们在教学评价中关注教学目标的达成度、教学内容的覆盖面、教学方法的有效性、教学资源的利用率。①教学目标的达成度。评价学生是否达到预设的教学目标,可以通过对学生学习成果的评估和考核来实现。②教学内容的覆盖面。评价教学内容是否全面、深入,可以通过对教学内容的分析和讲解来实现。③教学方法的有效性。评价教学方法是否有助于促进学生的深度学习,可以通过对学生的观察和反馈来实现。④教学资源的利用率。评价教学资源是否得到充分利用,以支持学生的学习,则可以通过对教学资源的优化和整合来实现。而通过以上几个方面的评价,教师可以形成一个全面、系统的评价体系,从而更好地促进学生的学习和发展。这个评价体系不仅可以帮助教师了解学生的学习情况和需求,还可以为学生提供反馈和建议以促进学生的学习和发展。同时,该评价体系还可以为学校和教育部门的教育决策与教学管理改革提供更多的依据。

3. 可操作性原则

可操作性原则在教学评价中也有着不容忽视的重要地位,强调评价体系的设计与实施,应当充分考虑实际操作层面的便捷性和实用性。尤其是在深度学习理念影响下的大学英语混合式教学模式中,教学评价能否顺利融入日常教学环节,以及能否为教师调整教学策略、学生改进学习方式提供及时且有效的反馈,都直接关系到评价体系的具体体现。

(1)可操作性原则要求评价工具的设计应秉持简单易懂的原则,以降低使用难度,提高师生的接受度和使用意愿。这要求评价工具应当具备直观明了的界面,避免过于复杂或晦涩的表述,确保非专业人士能快速理解和操作。例如,在设计大学英语混合式教学模式的评价工具时,可以采用图文结合的方式,清晰展示各项评价内容与标准,使师生能够一目了然地了解评价要求,从而快速掌握并运用评价工具。

(2)可操作性原则要求评价过程的应用过程应简洁。烦琐的评价步骤和过多的操作环节,不仅会浪费宝贵的教学时间,还可能降低评价的有效性和针对性。因此,在设计评价流程时,应力求精简步骤,优化操作路径。例如,教师可以通过在线评价系统自动收集并分析学生的学习数据,生成个性化的学习报告,以便师生快速了解每个学生的学习情况,为教学决策提供依据。

(3)评价结果的解读与利用,也是可操作性原则的重要组成部分。理想的评价结果,本身应当就是清晰明了的,还能够直观全面地反映出学生在个体或整体方面的学习进展、成效以及存在的问题,从而为教学决策提供精准、有价值的参考依据。为了达到这一目标,评价结果应以可视化或结构化的方式呈现,便于师生快速把握要点,并依据评价反馈进行相应的教学调整和学习策略改进。例如,可以采用图表、矩阵等形式展示评价结果,使师生能够一目了然地了解学生的学习情况,为教学决策提供有力支持。

为了实现可操作性原则在大学英语混合式教学模式中的有效运用,教师可以采取以下措施。①确保评价标准应当是明确且具体的,让师生能够清楚地了解本次评价的要求和学习目标。同时,要确保评价标准与教学目标保持一致,以反映学生的实际学习成果。②采用合适的评价工具和方法,便于高效地收集评价数据,并确保可操作性原则的落实。具体来说,教师可以根据评价需求选择在线问卷调查、课堂观察、作品评估、口头报告等合适的评价工具和方法。同时,教师也要学会充分利用在线问卷调查、课堂观察、作品评估、口头报告等多种现代化的信息技术手段,以简化评价流程和提高评价效率。③简化评价流程并减少不必要的环节,这样可以确保可操作性原则的有效执行。当然,这需要教师对评价流程进行全面梳理和优化,并通过精简不必要的环节和操作步骤,大大提高评价工作的整体效率。值得注意的是,教师要避免在评价中使用过多的纸质材料和烦琐的手续,要求评价主客体花费大量时间和精力去完成烦琐的评价流程。

4. 灵活性原则

灵活性原则是现代教育理念的核心支柱之一,主张在教学评价过程中充分尊重每一个学生的个体差异和个性化需求。在深度学习视域下,随着教育科学的发展和对学生深度学习理解的不断深化,教学评价的灵活性显得尤为重要。灵活性原则在深度学习视域下的现代教育教学评价中体现得尤为显著,具体有以下几个方面。

(1)评价内容的个性化。深度学习强调学生对知识的深度理解和批判性思维的培养。教学评价应能够精准捕捉到不同学生在认知风格、兴趣特长以及学科素养上的细微差别,并据此定制符合其个人发展特点的评价内容。例如,对于擅长逻辑思维的学生,可以设计更具分析性和逻辑性的任务,如辩论赛或逻辑推理题,以激发学生的思维火花。而对于艺术修养较高的学生,则可提供更多涉及创意表达和审美判断的评价项目,如艺术作品创作或文化评论,以展现学生的独特才华。

(2)评价方式的多样化。深度学习注重学生的综合素质发展。单一的纸笔测试模式难以全面反映学生的实际学习成果。因此,教学评价应摒弃单一的纸笔测试模式,转而采用多元化的评价方式,让学生从不同角度展示自己的思考过程和学习成果,以适应不同学生的学习风格和兴趣。例如,通过项目设计的方式,让学生运用所学知识解决实际问题,以检验学生的实际应用能力。通过口头表达的方式,培养学生的语言表达能力。通过同伴互评和自评的方式,促进学生对学习内容的深入理解和反思。

(3)评价周期的灵活性。深度学习过程中的学生进步往往是动态且不均衡的。教学评价应根据学生的实际学习进度和需求变化,灵活调整评价周期和频率。对于学习进展较快的学生,可以适时提前进行阶段性评价,以激励其持续深入探索。对于遇到困难或暂时落后的学生,则应及时跟进反馈,帮助学生发现问题并调整学习策略。例如,教师可以根据学生的实际情况,每周或每两周进行一次阶段性评价,以便及时了解学生的学习情况并给予相应的指导。同时,对于个别学习困难的学生,教师可以适时进行针对性的辅导和跟进。

为实现灵活性原则,教师可以采取以下策略。①充分了解学生的学习特点和需求。教师可以通过平时的观察、交流沟通以及教学辅助工具等多种方式收集信息,并为每个学生定制符合自身特点的评价方案。例如,对于善于独立思考的学生,可以设计更具挑战性的任务以激发学生的探究欲望。对于需要更多社交互动的学生,可以组织小组讨论或团队合作的活动,以促进学生交流与合作能力的发展。②鼓励学生参与评价过程。引导学生积极参与自我评价和互相评价,鼓励学生发表对学习内容、教学方法以及评价体系等方面的观点和建议,从而增加评价的主观性和公正性。例如,让学生进行英语口语表达展示,并挑选几位同学对参与者的综合表现进行口头上的同伴评价,以学生的角度让参与学生存在的问题被更直接地指出。③关注学生的学习动态。密切关注学生在学习过程中的表现和反应,及时调整评价策略以满足学生的学习需求。这需要教师保持敏锐的教学洞察力,根据实际情况灵活运用教学评价手段。例如,当发现某位学生在某一阶段的学习中表现不佳时,教师可以及时与其沟通,并在了解学生的实际情况后调整评价方式,以更好地反映学生的学习变化情况。同时,教师还可以通过观察学生的课堂表现、作业完成情况以及测验成绩等指标来了解学生的学习动态并及时给予反馈和指导。

5. 发展性原则

发展性原则是现代教育理念的重中之重,在教学评价中的应用,表现为对学生全面发展和持续进步的关注。这一原则主张在教学评价过程中,不仅要审视学生学习的表面成果,更要深入挖掘其内在的学习过程和能力提升。在深度学习视域下,教学评价应致力于推动学生的高质量、深层次的学习进步。因此,发展性原则的具体内涵主要包括以下几个方面。

(1)评价学生的思维能力、创新能力和实践能力等综合素养的发展。为了更好地诠释这一原则,教师需要构建一套全面且有针对性的评价指标体系。例如,对于思维能力的评价,可以设计开放性的问题让学生进行解答,观察并记录学生在解决问题过程中的逻辑推理能力、批判性思维以及创新能力。对于实践能力的评价,则可通过实验操作、项目制作等方式来真实反映其实践技能的水平。通过这样的评价方式,教师可以更全面地了解学生的综合素养发展情况,为学生的成长提供更有针对性的指导和支持。

(2)评价学生的情感态度和价值观等非智力因素的发展。学生的情感态度对于其学习成效有着重要影响。因此,在教学评价中,还应重视对学生情感态度的观察和引导。同时,价值观作为个体行为的指南针,其塑造也是教育的重要任务之一,教学评价中也应重点考查学生是否形成了积极向上的价值观体系,是否能够在不同情境中表现出正确的价值判断与行为选择。在教学过程中,教师同样需要注重学生的情感教育和价值观引导,帮助学生形成正确的世界观、人生观和价值观。只有通过这样的兼具学生方方面面发展的评价方式,教师才能更全面地了解学生的非智力因素发展情况,为学生的成长与未来发展保驾护航。

(3)评价学生的学习策略和方法等自主学习能力的发展。自主学习能力是现代教育中不可或缺的一项核心能力,关乎学生未来能否独立高效地管理自己的学习进程。因此,在教学评价设计时,应考虑如何有效地考查学生是否掌握了适合自身特点的学习策略,是否具备灵活运用学习资源的能力,以及如何规划和管理自己的学习时间。为了更好地培养学生的自主学习能力,教师可以为学生提供一些学习策略和方法上的指导和建议,帮助学生找到适合自己的学习方式,提高学习效率。同时,教师还可以通过观察和记录学生的自主学习行为,了解他们的学习情况和进展,为他们的学习提供及时的反馈和指导。通过这样的评价方式,教师可以更全面地了解学生的自主学习能力发展情况,为他们的成长提供更有针对性的指导和支持。

为实现发展性原则,教师可以采取以下措施。①设计能够反映学生综合素养发展的评价指标。为了全面评价学生的发展水平,教师需要构建一套涵盖学生的思维、情感、实践、创新等多个方面的评价指标体系,以便于教师能够更准确地评估学生的综合素养发展状况。为了更好地诠释这一原则,教师还需要不断更新和完善评价指标体系,以适应时代的发展和学生需求的变化。②教师还应该关注学生的情感态度和价值观等非智力因素的变化。具体而言,教师可以观察学生的情感态度变化,了解学生是否积极向上、乐观进取;同时,还可以引导学生形成正确的价值观体系,让学生能够在不同情境中表现出正确的价值判断与行为选择。③引导学生掌握有效的学习策略和方法,提升自主学习能力。为了培养学生的自主学习能力,教师要根据学生的需求和特点,有针对性地提供一些学习策略和方法上的指导和建议。此外,教师还应重视对学生的元认知能力培养,帮助学生学会自我监控、自我调节和自我评价,从而提高学生的自主学习能力。④教师还应对评价结果进行纵向对比和分析,以了解学生的发展趋势和成长轨迹。通过对评价结果的深入分析,教师可以发现学生在各个方面的优势和不足,从而为学生学习中实现扬长避短提供更多依据,且这也有助于家长及时了解孩子的学业进展和成长变化。

6. 过程性原则

过程性原则在混合式教学中的核心地位体现在,该原则主张将评价活动有机地融入教学的每一个环节,并渗透进课前准备到课中互动,再到课后反馈中的每一步,进而形成一个完整且全面的教学评价体系。在这一模式下,教师不再仅依赖于传统的结果导向评价方式(如期末考试成绩),而是深入学生的日常学习过程中,通过仔细的观察、翔实的记录以及深入的分析,全面了解并评估学生在各个阶段的学习状态、进展情况、面临的挑战以及取得的进步。

(1)在课前准备阶段,教师需要依据教学目标设计预习任务,这些任务不仅可以帮助学生提前了解和掌握新知识,还能为教师提供关于学生现有知识水平和认知瓶颈的重要信息。通过线上平台或课堂讨论等形式,教师可以提前了解学生对新知识的掌握程度和认知瓶颈。这有助于教师更好地把握学生的学习起点,从而调整教学内容和教学方法。

(2)在课中互动环节,过程性原则强调活跃的课堂氛围与有效的师生、生生互动。教师应鼓励学生积极参与讨论,通过小组协作、案例分析、项目实践等方式,观察并记录学生在实际操作中展现出的理解水平、应用能力和团队协作精神。这些观察和记录不仅有助于教师及时调整教学策略,还能为学生提供个性化的指导和支持。同时,适时地给予正面反馈和建设性意见,帮助学生发现问题、解决问题,引导他们深入探究复杂的学习议题,促进深度学习习惯的养成。

(3)在课后反馈阶段,过程性原则要求教师通过对整个教学过程的回顾与反思,结合学生的作业完成情况、测验成绩以及课堂表现,系统性地评估混合式教学的效果。这种评估不仅包括对教学内容和方法的反思,还包括对学生学习情况和反馈的总结。通过这种评估,教师可以总结出实践经验,针对存在的问题和不足提出改进措施,为后续的教学活动提供更具针对性的策略调整。这些改进措施可能包括优化教学内容、调整教学方法、提升学生的学习能力等。

7. 多元性原则

多元性原则在现代教育评估体系中的重要性日益凸显,倡导在对学生学习成果和教师教学效果进行评价时,应灵活运用多种方式和手段,以确保评价结果能够全方位、多角度地反映学生和教师的真实表现。在具体实践中,评价方式可以并且不限于书面测试、口头表达、实践操作、项目合作等多种形式。例如,除了传统的笔试、标准化测验等量化评价方式外,还可以通过论文撰写、课堂演讲、实验操作演示等来衡量学生的知识掌握程度和应用能力;同时,组织学生进行项目合作,考察他们的团队协作和创新能力,也是多元性原则的具体实践。

(1)自我评价作为一种重要的评价方式,在培养学生自主学习和自我反思能力方面具有独特作用。通过自我评价,学生需要对自己的学习过程、成果及表现进行深度审视和客观分析,这不仅有助于他们更好地梳理知识体系,提升独立思考和自我管理的技能,还能让他们学会如何设定并追求个人成长目标。

(2)同伴评价则是促进学生间互动交流、相互学习和共同进步的有效途径。在同伴评价的过程中,学生们可以通过互相评价作业、项目或课堂表现,学会从不同角度审视问题,提出建设性意见,并从中锻炼自己的批判性思维能力和团队协作精神。这种互动式的学习方式有利于营造积极向上的学习氛围,增进同学间的友谊与合作。

(3)教师评价作为评价体系的重要组成部分,它凭借教师的专业素养和丰富经验,能够对学生的学习成果进行深入剖析,给予针对性强且有益于学生长远发展的指导反馈。教师评价还有助于建立良好的师生沟通桥梁,拉近师生距离,促进师生共同进步发展。

8. 公正性原则

公正性原则作为评价系统的基石,其在混合式教学评价中的应用尤为关键。这一原则强调在整个评价过程中,从评价标准的制定到评价结果的形成,都必须遵循公平、公正、公开的原则,确保每个环节都受到同样严格的监督和约束。

(1)公正性原则是混合式教学评价的基石,要求评价的标准必须是明确、统一且无偏见的。这意味着所有的学生都应接受同样的评价标准,不允许有任何歧视性或偏向性的条款存在。这一原则的目的是确保每个学生在学习过程中都能得到公平对待,学生的努力和成绩能够被客观、准确地评估。

(2)公正性原则对评价者的要求极高,需要在设计评价体系之初,就充分考虑课程目标的达成、学生能力的提升以及教学质量的好坏等多个维度。只有这样,才能制定出能全面反映学生学习情况的统一评价标准。而在实施评价的过程中,必须坚持一致性原则,避免因个人主观判断或偏见而影响评价结果。

混合式教学评价中,教师应充分利用形成的评价标准,对学生个体的学习进度、成绩变化以及在课程中的表现进行客观、公正的评估。教师应注重学生的个体差异和多样性,充分认识到每个学生在学习能力、兴趣爱好、风格特点等方面的不同。在评价过程中,既要关注共性,也要关注个性,要能够根据不同学生的特点,给予有针对性的反馈和建议。

混合式教学评价公正性原则的贯彻,不仅能保证评价结果的客观性和准确性,还能激发学生的积极性和创造力,提升学生的学习效果和综合素质。[①] 同时,它也是实现教育公平、推动教育发展的重要手段。因此,教师应严格遵守这一原则,确保每个学生都能在公正、公平的环境中学习和成长。

(二)深度学习视域下大学英语混合式教学评价的方法

深度学习视域下大学英语混合式教学评价的方法是一个复杂且多维度的过程,旨在全面评估学生的学习效果、教师的教学质量以及混合式教学模式的有效性。以下将详细阐述四种评价方法,即建立学习档案、自我评价、360度反馈评价和诊断性评价,并深入探讨每种方法的实施细节及其在深度学习视域下的应用。

1. 建立学习档案

学习档案作为一种强大的教学管理工具,详细记录了学生在整个学习过程中的各项成果、作品、反思以及进步轨迹。这一档案不仅涵盖了学生在课堂内外的表现,如课堂参与度、作业完成情况、测验成绩等,还体现了学生在不同学科领域的知识掌握程度和应用能力。在混合式教学模式中,学习档案的构建尤为复杂且多元,因为学习档案涵盖了线上和线下两个维度。线上部分通常包括学生在数字化平台上的活动记录,如观看视频的时间长度、参与讨论的活跃度、在线测试的成绩以及各类作业的提交情况。而线下课堂表现则是指学生在实体课堂中的参与度、小组合作能力、回答问题准确性和深度等。

通过定期整理和分析学习档案,教师能够全方位地透视学生的学习状况,及时发现并确认学生在深度学习上的优势所在,比如独立思考能力、实践操作技能或者项目协作精神等。同时,也能精准定位出学生存在不足的地方,例如对某些知识点的理解偏差、分析问题角度的局限性或是创新思维能力不足等。基于这些发现,教师可以针对性地调整教学策略,设计出更符合学生需求的教学活动,并针对性地提供辅导和支持,从而促进学生更好地发展和进步。

在实施学习档案评价时,教师需要注意以下几点。①学习档案的记录

---

① 陈隽:《线上线下相结合的大学英语混合式教学模式构建思考探索》,《现代英语》2022年第12期,第17—20页。

应秉持客观、准确和全面的原则,避免主观臆断和偏见。每一项记录都应该有明确的依据,并且能够真实反映学生的实际情况。②为了确保学生的学习积极性和主动性,教师应定期与学生进行沟通,让学生了解自己的学习档案情况,鼓励学生积极参与评价和反思。这样不仅可以让学生认识到自己的优点和不足,还可以促进学生更加深入地投入学习中去。③学习档案评价应与课程目标紧密结合。教师在整理和分析学习档案时,应该紧密结合课程目标,确保评价的有效性和针对性。

2. 自我评价

自我评价是一种深度学习过程中的重要环节,强调的是学生主动参与到对自己的学习过程、学习效果、学习方法、学习习惯以及学习能力等多维度、多层面的深度自省与量化评估之中。这一过程不仅是对学习成效的客观审视,更是对学生自主性、批判性思维和自我管理能力的锻炼与提升。通过系统化的自我评价,学生能够更加精准地识别自身在学习中的优势与不足,从而有针对性地调整和优化学习策略,持续提高学习效果。

在混合式教学中,线上学习平台为学生进行自我评价提供了强大的技术支持。例如,学生可以实时查看自己在网络课程平台上的学习记录,借助观看教学视频的时长、参与讨论活动的积极性等翔实的数据来更客观地评估自己的进步。

同时,线上平台还促进了学生间的交流互动。通过组织线上小组讨论、协作项目或案例分析等活动,学生可以分享各自的学习心得与体验,从同伴那里汲取经验和启示,进一步反思和完善自己的学习方式。这种开放式、互动式的自我评价方式,有助于培养学生的团队协作能力和沟通交流技巧,也有利于学生从多元视角审视自我,从而做出更为全面且深入的自我评价。

为了确保学生能够有效且深刻地开展自我评价,教师需要设计和提供一套清晰、具体且操作性强的评价标准与指导方案。这可以包括设定明确且可量化的学习目标,比如要求学生掌握某一知识点、提高特定技能水平或者达到一定的学业积分,也可以包括为学生提供详尽的评分细则,让学生了解各项评价指标的具体含义和权重分配,还可以包括让学生分享成功的自我评价案例,展示如何正确运用评价标准和方法来反思和改进学习过程。

此外,教师还需根据学生的个体差异和实际需求,进行一对一的个性化指导。帮助学生熟悉自我评价的方法和技巧,例如引导学生学会收集并整理学习证据,并基于标准进行自我评估,进而制订完善的学习改进计划。这种定制化的辅导能够确保每个学生都能在自我评价的过程中取得成长和进步。

教师还可以巧妙地运用反思日志、学习心得记录等方式来辅助学生的自我评价,鼓励学生定期记录学习过程中的进步、挑战,并归纳整理问题的应对策略。通过书面形式回顾学习历程,学生也能够更加深入地反思自己的学习方法、态度和习惯,为后续的自我评价提供丰富的第一手资料。

教师还可以定期组织专题讨论会或工作坊活动,邀请学生分享自己的学习故事和自我评价结果,并围绕共性问题展开深度探讨。这样的互动交流有助于激发学生的自主学习热情,促使他们在互学互鉴中不断完善自我评价体系,进一步提高学习能力与素质。

3. 360 度反馈评价

360 度反馈评价作为一种前沿且全面的教育评估策略,深度贯彻多元化、全面化的教育理念,旨在通过多元视角,全方位、多角度地收集并精细化分析关于学生学习进步、行为表现以及情感态度的数据信息。这一方法论强调在评价过程中应综合考虑学生的认知、技能、情感、态度等多个层面,从而揭示出学生在学习过程中的优点和不足,以便为他们提供更为精准和有针对性的反馈指导。因此,可以说这一评价方式是对深度学习视域下的大学英语混合式教学评价的系统性原则、多元性原则、发展性原则等的现实应用与体现。

在混合式教学模式中,360 度反馈评价体系独具匠心地集成了同学互评、教师评价以及家长评价等多种形式,形成了一种立体化的评价体系。同学互评这一环节,不仅能够锻炼学生的批判性思维和客观评价他人的能力,同时也能够让学生学会从同伴的角度出发,以"亦师亦友"的关系更直观地了解自己与同伴,并明确自己在团队协作、沟通交流及学术研究等方面的表现,从而针对性地改进提升。教师评价是基于更加专业的视角,对学生的学习成果、课堂参与度、作业完成质量等方面进行权威且深入的剖析,为学生提供更具指导性和实用性的反馈。而家长评价是一种当前逐渐兴起的教学评价方式,更侧重于让家长以"局外人"的角度,从家庭环境方面入手观察和记录孩子的成长,这一方面有助于发现学生在家庭互动、自主学习态度、生活习惯养成等方面的优劣,使得学校教育能够与家庭教育相得益彰;另一方面,也有助于督促家长优化教育理念,真正参与到现代教育中来,促进现代教育的改革与发展。

通过这样的360度反馈评价过程,学生能够获得对自己学习状况更为全面、细致的认识,不仅包括知识技能掌握程度,还包括情感态度、价值观以及人际交往能力等多维度的成长状况。这种评价方法有助于学生识别自己在深度学习方面的薄弱环节和改进空间,从而调整学习策略,提升学习效果。此外,同学间的互评能够有效促进彼此间的交流与协作,共享学习经验,增进友谊,进而增强班级团队凝聚力,营造积极向上的学习氛围。

值得一提的是,实施360度反馈评价时,教师也要做到评价过程实施的公正性、客观性和准确性,避免主观臆断和歧视性评价,这样才能够充分保障每个学生参与评价的公平公正。另外,教师可以基于这一评价方式收集一些更为广泛且细致的信息,并从中提炼出有价值的信息用于指导学生改进学习方法、培养深度学习的习惯和能力。当然,在这一过程中,对于教师的专业素养、责任心以及教育智慧都是极大的考验与提升,教师也只有尽力为之,才能真正实现以学生为中心的教育目标,促进所有学生的全面发展。

4. 诊断性评价

诊断性评价的核心在于通过对学生在学习过程中的具体表现和问题的识别,为教师提供制定个性化教学策略和措施的依据。这种评价方式不仅能帮助教师深入了解每一个学生的学习状况,发现叙事的优势和不足,还能促使教师根据学生的实际需求调整教学方案,提高教学效果,更好地满足学生的学习需求。

在混合式教学环境中,诊断性评价的实施可以充分利用线上学习平台和线下课堂观察两种手段。线上学习平台通过强大的数据收集和分析功能,能够提供关于学生学习时间、学习频率、学习路径、学习成效等详细数据,让教师能够全面了解学生的学习习惯和偏好。而线下课堂观察则让教师能够直接观察学生在课堂上的表现和学习状态,捕捉学生在特定环境下的学习能力和需求。

基于以上信息,教师可以进行精细化的诊断和评估。例如,如果发现学生在某个知识点上存在理解困难,教师可以设计针对性的练习题或视频教程,帮助学生加深理解、巩固知识。如果学生在学习过程中出现注意力不集中、缺乏自信等问题,教师则需要提供心理支持和学习策略指导,帮助学生调整心态,提高学习效果。通过这种全面的诊断性评价,教师可以为学生提供更精准、更个性化的学习支持,从而帮助他们更好地学习和成长。

在实施诊断性评价时,教师需要具备扎实的专业知识和丰富的实践经验,这要求教师深入理解教育心理学原理,掌握有效的教学策略,了解各种学习理论的应用场景。只有具备这些专业知识,教师才能准确识别学生的学习问题和困难,制定出有针对性的教学策略。此外,诊断性评价还要求教师注重与学生的沟通和交流。教师应当主动关心学生的学习状况,耐心倾听他们的需求和期望,以便制定更符合学生实际的教学策略。通过及时的反馈和指导,教师可以帮助学生发现问题、改进方法,从而促进他们的学习进步。

综上所述,深度学习视域下大学英语混合式教学评价的方法包括建立学习档案、自我评价、360度反馈评价和诊断性评价等多个方面。这些评价方法相互补充、相互促进,共同构成了一个全面、有效的评价体系。通过实施这些评价方法,教师可以更好地了解学生的学习情况和深度学习情况,进而优化教学策略和方法,提高教学效果和质量。

三、教学评价的操作程序

(一)准备阶段

1. 了解深度学习视域下大学英语混合式教学评价背景

(1)大学英语混合式教学评价背景分析。具体可以从社会背景、学科背景、政策背景三个层面展开论述。

第一,社会背景。随着以人工智能、大数据、云计算等为代表的新一代信息技术的飞速发展和广泛应用,社会面貌日新月异,人们的生活方式、工作模式乃至整个社会的运行机制正经历着深刻的变革。在这个背景下,深度学习技术作为人工智能领域的一颗璀璨分支,其应用范围日益广泛,从科研学术到产业实践,从教育医疗到生活娱乐,深度学习正在逐步渗透到社会生活的各个角落。在科研学术领域,深度学习为科研工作者提供了强大的技术支持,使得图像识别、语音识别、自然语言处理等领域的研究获得突破性进展。在产业实践中,深度学习在智能制造、智慧城市、金融风控等方面发挥了巨大作用,提高了生产效率,优化了资源配置。在教育医疗领域,深度学习助力精准教学、疾病辅助诊断等场景的实现,提升了教育质量和医疗服务水平。在生活娱乐方面,深度学习也发挥了重要作用,比如推荐系统、虚拟现实等技术,丰富了人们的业余生活。

第二,学科背景。在全球化进程不断加速推进的高等教育体系中,大学英语教育承载着极为关键的地位和作用。作为高等教育阶段的一门重要公共课程,大学英语不仅肩负着帮助学生构建扎实语言基础知识的重任,更是学生提升跨文化交流能力、适应全球化时代发展需求的必要途径。大学英语教学的内容涵盖了听、说、读、写等多元技能的培养,力求使学生在掌握英语这一全球通用语的基础上,能够自如地运用英语进行深层次的专业学习、国际交流以及未来职业生涯中的跨文化沟通。然而,传统的教学模式往往过于依赖课堂讲解和书本知识传授,教师通常采用单向灌输知识的方式,很少关注学生的实际需求和个体差异。这种"填鸭式"的教学方式忽略了对学生实际应用能力和交际技能的系统培养,导致学生在面对真实语境时,往往无法得心应手地运用英语进行有效沟通。此外,课堂上缺乏充分的互动和实践环节,也限制了学生创新能力和实践能力的发挥。因此,为了更好地提升大学英语教学的效果,适应时代发展的需求,教师必须对传统教学模式进行深刻的反思与改革,并积极探寻并实施更加符合语言教学规律、有利于学生全面发展和实际应用能力培养的新型教学模式。

第三,政策背景。在全球经济社会的迅猛发展和国际竞争格局发生深刻变化的背景下,我国高等教育所面临的内外环境挑战日益严峻和复杂。为了适应新的时代需求,各级教育行政部门紧跟时代步伐,以与时俱进的态度审视和改革高等教育体系,明确了提高高等教育质量的核心任务。行政管理部门强调,高等教育应注重培养学生的综合素质、创新能力和全球视野,以培养具有国际竞争力的创新型人才。在这样的大背景下,混合式教学理念应运而生,并迅速得到了广泛关注和推广应用。这种教学模式的出现,不仅顺应了数字化时代的潮流,也满足了高等教育质量提升的需求。混合式教学是一种结合了在线教育和传统课堂教学优点的新型教学模式。通过运用数字化资源,学生可以随时随地自主学习,并根据自身情况安排学习进度。这种教学模式不仅有助于提高学生的自主学习能力,还能够培养学生的实际操作技能,为提升学生的综合素质和能力提供了有效途径。同时,混合式教学也很好地弥补了线上教学的不足之处。而混合式教学则通过结合传统课堂的面对面教学,使学生能够在老师的指导下进行学习和操作,更好地掌握知识和技能。

(2)深度学习视域下大学英语混合式教学发展阶段重要问题分析。在深度学习视域下,大学英语混合式教学的发展历经了多个阶段,每个阶段都面临着一些关键性问题。

从教学资源整合层面看,如何有效地整合线上(网络)与线下(实体课堂)教学资源,实现技术手段与教学内容的深度融合,是摆在教育者面前的一大难题。

从线上教学资源开发利用层面看,现阶段的大学英语混合教学线上资源开发利用相对有限,需要教师积极挖掘和创新更多更先进的在线课程网站、多媒体资源、虚拟仿真技术等数字化教学平台和工具,以便于为教学实践提供丰富多样的学习资源,并优化学生的深度学习路径,只有充分借助这些平台和工具,才能够更好地帮助学生随时随地获取学习资源,并为学生提供足够的个性化学习路径,以满足不同学生的学习需求,借助个性化学习,学生才能够更好地掌握知识和技能。此外,线下课堂应聚焦于深度学习和探究性活动的设计与实施,确保线上线下教学的有效衔接和互补。

除了教学资源整合外,教师还需要关注如何克服线上教学在情感交流方面的不足。虽然线上教学突破了时空限制,方便了师生间的远程互动,但同时也带来了情感沟通受限的问题。因此,需要探索建立一套既能满足远程互动需求,又能有效传递情感交流的新型互动机制,来促进学生的情感交流和合作能力。

在学习效果评估方面,也应该大力摒弃传统的单一评价方式,构建科学合理、涵盖多种评价指标的综合性评估体系,引入课堂表现、作业完成情况、小组讨论贡献等多种评价指标,同时确保教学的质量和公信力。这样可以更好地了解学生的学习情况和能力提升情况,从而更好地为学生的学习和发展提供指导。

(3)深度学习视域下大学英语混合式教学评价对象心理分析。在深度学习视域下,大学英语混合式教学评价的对象主要包括教师、学生和教学管理者三个层面。

对于教师而言,教师在混合式教学中的角色定位不仅是知识的传播者,更是学生自主学习和批判性思维能力的培养者。教师需要具备将深度学习理念融入课程设计的能力,同时还要能熟练运用各类教学平台和数字化工具进行线上线下混合式授课。教师还需要不断更新教育理念,积极学习并掌握新的教学技术和方法,以适应教育信息化的发展趋势。

对于学生群体来说,学生在混合式教学模式下的信息素养、自主学习能力、批判性思维和创新能力等特性将成为评价的关键指标。因此,学生应当学会主动适应这种新型教学模式,并主动积极地参与到线上线下相结合的多元化学习路径构建中。学生也需要不断提升自身的信息素养和自主学习能力,积极参与到线上线下教学中,与教师和其他学生进行深入交流和合作。

教学管理者在混合式教学中的角色同样不容忽视,负责制定相关政策、规划课程结构、监控教学质量等重要工作,其心理状态和管理效能也直接影响着整个教学评价体系的公正性和有效性。教学管理者需要积极转变管理理念和方法,以适应新型教学模式的需求。他们需要制定科学合理的管理政策,规划合理的课程结构,同时还需要对教学质量进行公正有效的监控和评估。

2. 设计深度学习视域下大学英语混合式教学评价方案

(1)课堂教学评价目标设定。在设计和构建大学英语混合式教学评价方案的过程中,首要任务是全面、系统地明确并细化教学评价的目标体系。这一目标体系不仅应涵盖对学生英语综合运用能力的全面提升,还要将这些目标转化为具体、可操作的指标和标准。

在口语表达流畅性方面,评价方案需要设定明确的指标,如学生能够在规定时间内完成特定主题的口语报告,并且表达连贯、无过多停顿或语法错误。在听力理解敏锐性方面,可以设定测试学生在不同语境下捕捉关键信息的能力,如通过听取短文并回答相关问题的方式来考核。对于阅读写作准确性,则可围绕学术文章阅读理解以及篇章写作进行分析评估,要求学生在限定时间内准确回答相关问题或者按照指定格式完成一篇短文。

评价方案需着重关注学生的深度学习,培养其独立思考的能力,通过增强批判性思维和创新能力来促进学生全面发展。深度学习是指学生能够深入知识本质,主动探究、发现问题并解决问题的能力。在评价方案中,可以设置一些开放性的问题或者案例分析,让学生能够运用所学知识解决实际问题,从而培养学生的批判性思维和创新能力。

评价方案还应关注教学资源的优化配置。教育资源公平分配和有效利用是提高教学质量和效果的关键。在评价方案中,可以设置一些关于教育资源配置的指标,如课程设置的合理性、教学设备的利用效率等,从而促进教育资源的公平分配和有效利用。

(2)课堂评价准则制定。在教学的内容层面,评价准则的构建应追求对知识的深度挖掘与广度拓展。这意味着,在甄选教学内容时,不仅要牢固夯实课程大纲所规定的基础知识点,更要深入探寻这些知识的内在底蕴,引领学生透彻领悟并熟练运用其核心要义。此外,还应紧随学科发展的前沿,将最新的研究成果与实践经验巧妙融入教学中,确保学生能够与时俱进,接触到最前沿的知识和技术,从而拓宽其视野,培育其前瞻性与创新思维。

在教学方法层面,评价准则强调灵活多样与创新求变。教师应善于针对不同的教学环节及学生的学习需求,娴熟运用多元化的教学手段,如翻转课堂、项目式学习、在线互动等。这些富有创意的教学方法不仅能有效激发学生学习的积极性与主动性,更能有力促进他们自主学习能力的养成。例如,翻转课堂通过让学生在家提前吸收新知识,在课堂内侧重于组织讨论与实践,以深化学生对知识的理解与掌握。项目式学习通过引导学生解决实际问题,锻炼他们的团队协作、创新思维及批判性思考能力。而在线互动则借助信息技术手段,有力增进师生间、生生间的交流协作,形成互动共赢的学习氛围。

在师生互动维度,评价准则强调积极互动与有效反馈的重要性。教师应鼓励学生勇于提问、积极参与讨论,自身也应深度参与到学生的探讨中,共同推进思维的碰撞与升华。这种积极的互动机制不仅有助于学生更好地理解和掌握知识,还能同步培养他们的沟通协作技巧。同时,教师还需对学生的提问与回答给予及时、精准的点评与指导,帮助学生归纳总结所学知识,进一步深化理解与领悟所学知识。

(3)选择评价方法。在选择和设计评价方法时,教师应当秉持多元化原则,力求构建一个全面、立体、多维度的评价体系,以真实、客观、公正地反映学生的实际学习情况和能力发展水平。这一体系应当涵盖多种形式的评价方式,包括但不限于在线测试、课堂表现、小组讨论、项目作业等。通过这样的多元化评价,教师可以从不同角度、不同层面深入了解学生的学习特点、学习成效以及他们在团队协作、创新思维等方面的表现。准确的评价体系不应该仅仅依赖于单一的测试形式,因为单一的测试方式往往无法全面涵盖学生的各项学习能力和综合素质。因此,多元化的评价方式包括但不限于作品制作、口头报告、案例分析、角色扮演、实地考察等多种形式,以实现对学生全方位的评估。

在线测试作为一种现代且高效的量化评估工具,在学生学习效果检验中发挥着不可替代的作用,不仅能有效衡量学生对理论知识的掌握程度,还能通过设定合理的题目类型和内容,考查学生的概念理解深度、知识点记忆牢固度以及问题解决的实际操作能力。

3. 确定深度学习视域下大学英语混合式教学评价人员

在深度学习视域下,大学英语混合式教学的评价人员扮演着举足轻重的角色,不仅需要对学生英语综合能力进行全面、深入的评估,更肩负着优化教学策略、提升教学质量的重要使命。[①] 因此,构建一支高素质、专业化的评价团队显得尤为迫切。

(1) 评价人员应具备扎实的语言学、教育学专业知识,深入理解大学英语教学的目标、内容及评价标准,并熟悉深度学习的理论框架与实践应用。评价人员需要系统掌握英语语法、词汇、听说读写技能等语言学基础知识,理解大学英语课程设置的总体目标,并能将深度学习理论应用到实际评价工作中,以提升评价的科学性和有效性。评价人员还需要有极其丰富的英语教学实践经验,能够将深度学习与英语教学实践紧密结合,根据教学目标和内容,设计出科学合理的评价体系。同时,评价人员还需要从学生的学习效果、教师的教学效果等多个维度出发,细致入微地分析并客观准确地评价学生在英语课堂上的表现。

(2) 评价人员还需要具备敏锐的观察力,能够从教学目标、教学内容、教学方法以及学生学习效果等多个维度出发,充分分析并客观地对学生在英语课堂上的表现做出评价。此外,评价人员还需秉持公正公平的原则,以严谨的态度对待每一份评价报告,确保评价结果的客观性与公正性,避免主观臆断或偏见对评价结果产生干扰。不仅如此,评价人员还应积极掌握并运用先进的评价工具和技术手段,如在线测试平台、学习分析软件等,以获取更为精准翔实的教学反馈信息,为教学决策提供有力支持。

(3) 评价人员还应保持与时俱进的精神状态,不断更新教育理念,紧跟

---

① 朱军平:《浅析关于大学英语混合教学模式中"智慧课堂"的构建》,《海外英语》2022年第6期,第154—156页。

深度学习的发展趋势,将最新的教育评估理论与实践引入到大学英语混合式教学的评价体系中,以确保评价工作的科学性和有效性。另外,评价人员还需要注重与其他评价人员的交流与合作,共同推进评价工作的规范化、科学化发展。除此之外,评价人员还应积极反思,并总结工作经验教训,积极参加各类培训活动和学术研讨会议,及时提升自身专业素养,紧跟教育评估的发展潮流,并注重与其他评价人员的交流与合作,共同推进评价工作的规范化、科学化发展。

4. 其他准备事项

(1)准备评价工具。在混合式教学评价体系的构建过程中,教师需要提前策划并细致准备一系列全面且有针对性的评价工具,以确保能够科学系统地收集、整理和分析学生的学习数据,从而准确把握每位学生的学习进度与成效。线上评价系统的建设是其中的重要环节,教师可以借助现代化信息技术工具开发或引进高效的自动化测试平台,该平台应具备智能组卷、即时反馈等功能,能够自动生成并实时更新各类知识点和技能点的考核题目,通过在线答题的方式,不仅可以精确测量学生对课程内容的理解深度和实际应用能力,还能根据预设的算法模型对学生个体及整体的学习成效进行量化评分,从而有效追踪和记录每个学生的学习轨迹。

同时,为了获取更为直观且真实的学生学习效果反馈,教师还需要精心设计并发放一系列定制化的调查问卷,包括纸质版和电子版两种形式,以适应不同学生的需求和场景。这些问卷内容应涵盖学生在混合式教学模式下的学习体验、满意度评价,以及对现有教学策略、资源配比、活动设计等方面的意见和建议。通过对学生反馈数据的深度分析,教师可以针对性地改进教学方法,并据此优化调整教学策略,以满足学生的需求。

此外,教师还需创设并印制一套详尽的观察记录表,用于日常教学实践中对学生在课堂内外的表现进行细致入微的观察与记载。这份记录表应包含但不限于学生在小组讨论中的参与程度、团队协作能力、项目任务完成情况以及情感态度的发展变化等难以通过量化手段直接测度的软实力指标。通过这种方式,教师能够全方位、多角度地了解和评估每一个学生在混合式教学中的综合表现,进而制定更具个性化的教学方案,助力学生全面发展。

(2)通知相关人员。为了保证混合式教学评价的顺利进行,学校应高度重视,并提前将相关事宜通知给学生和教师,确保师生都有充足的时间了解并接受新的评价方式。对于学生而言,新的评价制度的具体内容、操作流程以及可能产生的影响,学校将进行详细的说明和引导,学生需要明白,新的评价制度旨在帮助学生更好地适应混合式学习环境,提高自主学习和自我管理的能力。学校还应为学生提供必要的培训和实践机会,引导学生正确看待并积极参与混合式学习环境下的各类评价活动。

对于教师群体,学校不仅要及时告知新的评价方式应用于教育工作的安排,还应就混合式教学的理念、方法和技术等安排系统的培训,这样才能够帮助教师更快更全面地掌握新的评价工具和技术手段,以更好地适应教育改革发展的需要。学校还应该为教师提供必要的教学资源和指导,帮助教师熟悉并运用新的评价方式,提高教学质量和效果。

对于还没有及时接收到通知的相关人员,学校可以通过多种途径进行传达,包括但不限于邮件、短信、微信等。学校还可以定期组织培训和研讨会,为学生和教师提供交流和学习的机会,为学校的混合式教学评价改革奠定坚实基础。

而这样的通知的落实,将为学校的混合式教学评价改革工作奠定坚实基础,并促进教育质量的全面提升。

总之,在深度学习视域下,大学英语混合式教学的评价人员至关重要,因此,高校有必要予以重视,并倾力打造高素质、专业化评价性教学人才专职队伍,这样才能够更好地落实好深度学习视域下的大学英语混合式教学评价工作。

(二)实施阶段

1. 深度学习视域下大学英语混合式教学前期运行

在深度学习视域下,对大学英语混合式教学进行深度评价之前,首要环节便是进行前期教学运行。这一阶段的意义在于模拟真实的教学环境,将线上线下的教学资源、教学活动及教学管理有效整合,以便提前洞察教学过程中的潜在问题与挑战,为后续的评价和优化提供有力的依据。

前期运行对于大学英语混合式教学而言,具有举足轻重的地位。在这个阶段,教师需要在实际的教学环境中实施混合式教学模式,以观察学生的参与度、学习效果以及技术手段的应用情况。教师可以通过观察学生的课堂表现和互动情况,了解学生的学习风格和需求,从而调整教学内容和教学方法。同时,教师还可以通过收集学生的反馈意见和建议,进一步完善教学过程。

在这个阶段,教师需要在实际的教学环境中实施混合式教学模式,以观察学生的参与度、学习效果以及技术手段的应用情况。通过这种方式的观察和记录,教师可以敏锐地发现潜在的教学瓶颈,并广泛收集关于学生需求、教学内容、教学方法以及技术手段应用等方面的反馈数据,从而进行针对性的改进。

与此同时,评价人员也可以通过前期运行来观察和记录日常教学状态,从而更加精准地确定评价的重点领域和改进方向。这样的评价工作能够切合实际,切实针对教学过程中的核心问题和关键环节展开,为后续的教学优化提供有力的支持。通过前期运行,教师可以对教学模式进行进一步的调整和优化,以更好地适应学生的需求和教学环境。

总的来说,深度学习视域下大学英语混合式教学前期运行是确保混合式教学模式在大学英语课堂中有效实施的关键步骤,不仅有助于教师识别潜在的教学问题,还可以为后续的教学优化提供有力的支持。通过前期运行,教师可以检验教学模式的应用效果,收集学生反馈数据,并针对性地进行改进。同时,评价人员也能观察和记录日常教学状态,为后续的评价工作提供准确的依据。

2. 深度学习视域下大学英语混合式教学评价具体施行

深度学习视域下,大学英语混合式教学的评价实施是一个系统且全面的过程,根植于对前期丰富教学实践经验的深度提炼,以及教学评价方案的构建。① 在这一过程中,评价者扮演着至关重要的角色,将依据预先设定的评价准则和一套科学合理、完备的指标体系,借助先进的教育测量技术及多元化工具,从多个维度和视角深入细致地收集、剖析并解读混合式教学过程中的各项数据信息。

在定量评价方法方面,评价者会充分运用数据挖掘技术对课程教学平台进行深度探索,以捕捉学生在网络学习空间中的行为轨迹、学习进度以及资源利用情况等细节数据。这些数据能够真实反映学生在网络学习空间中

---

① 惠燕:《深度学习维度下大学英语智慧课堂设计及实践》,《长春大学学报》2022年第10期,第99—103页。

的学习路径和效率,从而帮助教师了解学生的学习习惯和需求。此外,通过对成绩单的细致剖析,了解学生学业进步的总体趋势和个体差异,从而把握教学效果的实质内容。

定性评价手段则侧重于实地考察教学现场,记录课堂观察笔记,捕捉教学互动过程中的动态表现,并借助学生和教师深度访谈的方式,获取关于课程设计、教学方法、学生参与度、满意度以及教学策略有效性等方面的宝贵意见。

通过深度挖掘和综合比对这些来自不同渠道、多层次的数据信息,评价者能够立体化地呈现深度学习视域下大学英语混合式教学的实际运作状况及其对学生语言能力提升的实际效果。在这一基础上,针对发现的问题和挑战,评价者将进一步提出具有针对性和操作性的改进建议,旨在促进该教学模式在未来的进一步完善和优化提升,推动大学英语教学质量步入新的台阶。这些改进建议可能包括优化课程设计、更新教学方法、提高教师能力等,以更好地满足学生的学习需求。

深度学习视域下,大学英语混合式教学的评价实施是一个复杂且全面的过程。通过运用定量和定性的评价方法,以及深度学习和教育测量的技术手段,能够更深入地了解学生的学习情况和发展需求,从而为教学改革提供有力支持。

(三) 反思阶段

1. 对深度学习视域下大学英语混合式教学目标进行反思

在深度学习视域下,对大学英语混合式教学的目标及其达成情况进行深入反思,显得尤为重要。

(1) 教师需要全方位地审视当前设定的大学英语混合式教学目标,确保其与深度学习的理念和原则保持高度一致。深度学习,作为一种强调深度理解、持久记忆和灵活运用的学习方式,特别重视培养学生的自主学习能力、批判性思维和跨文化交际能力等高级认知技能。因此,在设定大学英语混合式教学目标时,教师必须将这些能力的发展作为核心要义,确保这些目标能够真正关注到学生的高级认知技能的发展,体现深度学习的核心价值。

(2) 要深入剖析这些设定好的目标在实际的教学过程中是否得到了有效实现,以及学生在面对这些目标时能够达到怎样的掌握程度。这需要教师在教学过程中始终保持高度的警觉和敏锐性,时刻关注学生的学习进度和反馈。通过持续的观察、评估和调整教学策略,确保每个学生都能按照预期的进度和要求达到相应的学习目标。同时,教师还需要关注那些在实现目标过程中遇到困难的学生,及时找出问题所在,并采取有效的措施帮助他们克服困难,实现学习目标。

(3)设定具有挑战性的教学目标是激发学生深度学习动机的关键。具有挑战性的目标能够激发学生的深度学习动机,让学生主动投入学习中去。这意味着教学目标应具有一定的难度,需要学生付出努力才能达成。同时,教师还需要关注到不同层次学生的学习需求和特点,为学生提供个性化的学习指导和支持。这样不仅能够满足学生的个性化需求,还能够有效促进学生的学习效果提升。

2. 对深度学习视域下大学英语混合式教学主体进行反思

在深度学习视域下,大学英语混合式教学主体反思是教师自我提升和优化教学过程的重要环节。

(1)教师需要审视自己的教学理念是否与时俱进,能够适应深度学习的需求。这包括是否注重学生的主体性,让学生成为学习的主人,积极参与课堂活动,发挥学生的创造力和想象力,以及是否关注学生的个性化和多元化发展,以满足不同学生的需求,促进学生的全面发展。

(2)教师需要思考教学方法是否多样且有效,这涉及教师是否运用了角色扮演、项目教学、合作学习、慕课及翻转课堂等多种教学方法,以激发学生的学习兴趣和积极性,以及是否给予学生足够的支持和引导,帮助学生建立学习自信心,进而提升学生素质。

(3)教师需要关注教学效果是否达到预期,明确学生是否积极参与课堂活动并展现出良好的学习效果。如果学生的学习效果不理想,教师需要找出问题所在,采取相应的措施加以改进。

(4)教师应该关注技术在教学中的运用。随着科技的发展,越来越多的技术被引入教学中,如人工智能、虚拟现实等。教师需要思考如何将这些技术融入教学中,以提高教学效果。同时,教师也需要关注教育政策的变化和对教学的影响。

3. 对深度学习视域下大学英语混合式教学对象进行反思

在深度学习视域下,对大学英语混合式教学对象的反思是教师提升教学质量、优化教学策略的关键环节。作为教学的主体,学生的学习状态、学习效果和学习需求是教学活动的核心关注点。

(1)教师需要密切关注学生在课堂上的表现和反应,通过及时的观察和记录,充分了解学生对于教学内容的掌握情况以及接受程度。具体而言,教师应关注学生在课堂讨论中的发言次数、合作学习的积极性等,这些都能反映出学生对课程主题的理解深度和思考角度,以及学生将所学知识应用于实际情境的能力。此外,教师还要留意学生的反应速度,即学生对于教师提问的回答速度和质量,以此判断学生的思维敏捷度和对知识的理解程度。

(2)除了对课堂表现的观察,教师还需要通过多元化的评价方式来了解学生的学习效果和需求。传统的评价方式固然能为教师提供相对客观的学生学习成果,但所反映的结果往往无法涵盖学生的全部学习特点和需求。因此,教师还需要让学生借助作业、项目、报告等多种形式来进行学习成果展示,以期更全面地评估学生的学习情况,发现每个学生的优点和不足的同时,为后续的教学调整提供精确的依据。

(3)教师还需要加强与学生的沟通交流,倾听学生的学习感受和需求。教师可以定期组织学生参与一些讨论会议,与学生进行面对面的交流,帮助学生解决学习中的困惑和难题。

(4)教师也需要不断更新教学理念,以适应学生不断变化的学习需求。在深度学习视域下,教师应积极关注教育技术的发展和教育教学理念的创新,将其融入自己的教学实践当中,以提升教学质量和效果。同时,教师还需要加强与同行的交流合作,参加学术研讨会等活动,以获取更先进的教学理念和方法,不断提升自己的专业素养。

4. 对深度学习视域下大学英语混合式教学条件进行反思

在深度学习理念的深刻影响下,对大学英语混合式教学进行深度反思,是确保教学改革取得圆满成功并提升教学质量的关键一环。这种反思性思考的价值在于,可以促使教师以系统而全面的视角去梳理和审视当前的教学条件,敏锐地发现其中可能存在的问题与不足,从而为改进教学条件提供有力支撑,推动教学方式更加精细化,教学效果更加显著。

(1)全方位审视与反思当前教学资源的配置状况,以及教学资源对深度学习的支持程度。这包括纸质教材、数字资源、多媒体课件以及在线学习平台等在内的各种教学资源,其质量和数量是否满足学生深度探究、积极互动和个性化发展的需求。这些教学资源不仅仅是学生学习的主要载体，更是学生获取知识、拓宽视野的重要途径。因此，教师需要认真思考这些资源的配置是否合理，是否能够满足学生的学习需求，是否能够促进学生的深度学习。

（2）优质的教学环境是培养学生深度学习的重要土壤。因此，除了教室设施、多媒体设备等硬件设施的完善与舒适度外，营造积极、开放、包容的教学氛围也至关重要，这将鼓励学生自由表达、积极讨论，从而促进他们批判性思维和创新能力的发展。

（3）教师还需要关注教学平台的稳定性和功能性，确保在线教学环节能够顺利进行，不影响学生的学习进程。在这个信息化时代，教学平台已经成为教师教学的重要组成部分。因此，打造稳定且功能齐全的教学平台，是保证教学顺利进行和提高教学质量的必要保障。

通过这一系列的反思与审视，教师能够更准确地发现问题、找出不足，为改善教学条件提供有力的依据，进而优化教学方式、提升教学效果，为学生的深度学习和发展奠定坚实基础。同时，这种思考也有助于教师不断提高自己的教学水平和专业素养，为培养更多优秀人才贡献自己的力量。

5. 对深度学习视域下大学英语混合式教学过程进行反思

在深度学习视域下，对大学英语混合式教学过程进行反思占据着至关重要的地位。教师在此过程中扮演着双重角色，既是引领者也是反思者。教师需要以全局视角对整个教学过程进行全方位、多角度的回顾与总结，确保每一个教学细节都经得起推敲和检验。这包括对教学计划制定环节的深度剖析，审视其是否充分考虑了学生的实际情况、学习特点和知识需求，以保证教学目标明确且具有可行性。

在教学计划制定环节的深度剖析中，教师需要审视教学目标是否与学生实际需求紧密相连，教学内容是否紧贴学生生活实际和兴趣爱好，以激发学生的学习兴趣和动力。教学方法和手段的运用是否恰当，能否有效提升学生的英语听说读写能力。教学评价和反馈机制是否完善，能否及时发现问题并进行调整。

除了对教学计划的反思，教师还需要深入观察并评价教学活动的组织与实施情况。教师需要关注教学活动的组织与实施情况，看其是否有效激发了学生的积极性和学习热情。教师要关注学生在学习过程中的需求满足程度,尤其是对于英语听说读写能力提升的需求,以及跨文化交际意识的培养。

在深度反思时,教师还需特别关注学生的参与度、互动交流以及思维激发等方面的情况。具体来说,就是要观察学生在课堂上的活跃程度,是否能够积极参与到各项学习活动中,是否能够与教师和同学进行有效的沟通交流,提出自己的观点和见解。此外,教师还要审视教学过程中是否为学生提供了充足的思考空间和机会,进而让学生在循序渐进中养成发现问题、分析问题并解决问题的意识与能力。

通过这样的深度反思,教师可以客观地评价教学效果,发现教学中的优点和不足,进而提出针对性的改进措施。这不仅有助于优化当前的教学策略和方法,提高教学质量,更能够促进教师的专业成长和发展,使教师在推动学生深度学习的过程中实现教学相长。

6. 对深度学习视域下大学英语混合式教学结果进行反思

在深度学习理念深刻影响并引领下的教育教学实践中,对大学英语混合式教学结果的深度反思与细致分析,扮演着不可或缺的角色,是检验并优化教学效果的关键环节。这种反思性教学评估不仅是对整个教学流程的全面回顾,更是对未来教学策略布局和路径选择的重要指导,为未来的教学发展提供了有力支持。

教师需要对教学评价的结果进行深入细致的综合分析。对学生的知识掌握程度进行评估,查看学生是否掌握了预期的教学内容,理解程度如何,应用能力是否达标。还需要对学生的技能提升情况进行对比研究,观察学生在混合式教学中各项技能如自主学习能力、批判性思维、跨文化交际能力等方面是否有显著提高。同时,也要关注学生的学习态度变化,分析学生在混合式教学中的参与度和积极性是否有所提升,以及学生的学习观念和学习习惯是否有所转变。

除了数据化的评价结果,教师还应重视学生的反馈意见和建议。通过直接询问学生,了解学生对混合式教学的感受和看法、学生在学习中遇到的困难和问题,以及学生对教学的期望和建议。这样可以更直接、更准确地把握学生的学习需求,为后续的教学调整提供更有针对性的依据。根据学生的反馈意见和建议,教师可以及时调整教学内容和方法,以提高教学质量和效果。

教师通过对教学结果的反思和学生反馈意见的分析比较,也可以全面地评估教学效果,发现自身工作中的优势与突出问题,并从优化教学内容、调整教学方法、增强学习资源建设、提升自身素养等多个方面予以优化改进,为未来的教学发展提供有力支持。

因此,对深度学习视域下大学英语混合式教学结果进行反思具有重要的实践价值和实践意义,不仅有助于教师提升教学质量,推动教学改革,还有助于培养学生深度学习能力和自主学习能力,为学生长远的发展打下坚实的基础。

科学、有效的评价机制能够及时发现并弥补教学中的问题和不足,从而促进教学的持续优化与发展。同时,教学评价也是提升教师教学水平和专业素养的重要途径,有助于推动大学英语教育的创新与发展。

然而,值得注意的是,深度学习视域下的大学英语混合式教学评价,是一个复杂而系统的工程,需要综合考虑多方面的因素和指标。在实际操作中,教师应根据具体情况灵活调整评价方案和准则,确保评价的准确性和有效性。此外,还应重视评价的反馈和跟进工作,及时将评价结果反馈给相关人员和部门,促进教学改进和教学水平提升。

结　语

深度学习视域下大学英语混合式教学更加强调培养学生的自主学习能力,教师要借助混合式教学模式开展各种形式的自主学习活动,而不是教师单向地知识讲授,学生被动地接受。学生是大学英语课堂的主体,教师在课堂教学中要充分尊重学生的主体地位,以线上课堂与线下课堂相结合的模式来拓展教学空间,帮助学生更好地完成深度学习任务,促进学生综合素质水平的不断提升。现阶段,大学英语混合式教学面临着一定的现实困境,成效并不显著,因此要采取有效的方式改进大学英语混合式教学的方式,设计科学的、系统的混合式教学模式,明确大学英语混合式教学的具体流程。

据此,本书在研究的过程中重点探讨了深度学习视域下大学英语混合式教学系统设计,从教学目标、教学资源、教学模式、教学方法、教学组织形式、教学管理等方面入手,搭建了大学英语混合式教学框架,为深度学习视域下大学英语混合式教学活动的有序开展提供了参考依据。同时也进一步明确了深度学习视域下大学英语混合式教学对教师与学生提出的详细要求,以多元化的方式评估了大学英语混合式教学的效果,充分彰显了深度学习视域下大学英语混合式教学的优势与价值。本书的出版能够为大学英语混合式教学活动的顺利开展与实施提供有利的帮助,以此达到最优质的教学效果。

参考文献

[1] 孙婷婷,李沐忻.线上线下混合教学模式下大学生英语学习特点研究:以理工类大学为例[J].高教学刊,2024,10(19):120-125.

[2] 张萌,李阳.基于OBE理念的大学英语线上线下混合教学模式研究[J].海外英语,2024(10):150-152.

[3] 张巧.新文科背景下大学英语课程教学改革与实践[J].湖北开放职业学院学报,2024,37(9):174-176.

[4] 王博冉,张晶宇,徐彤.教育4.0框架下大学英语深度学习路径研究[J].大学,2024(14):165-170.

[5] 薛媛媛.基于深度学习理论的大学英语阅读课堂设计[J].海外英语,2024(7):152-154,157.

[6] 陈茜.人工智能时代新文科背景下大学英语混合教学研究[J].佳木斯职业学院学报,2024,40(3):133-135.

[7] 岳宝华.线上线下混合教学模式下大学英语多元评价体系建设策略[J].佳木斯职业学院学报,2024,40(2):141-143.

[8] 赵林.大学英语"双线混合模式"教学实证研究[J].池州学院学报,2024,38(1):152-156.

[9] 陆燕.混合教学模式在大学英语课程教学中的运用研究[J].海外英语,2024(4):134-136,140.

[10] 朱燕华.基于深度学习的高职英语混合教学模式研究与实践[J].武汉职业技术学院学报,2024,23(1):66-71.

[11] 张晓宁,许晓艳.基于人工智能的大学英语混合教学实践与研究[J].海外英语,2024(2):154-156.

[12] 贺琛琛.深度学习视域下大学英语写作教学中线上线下混合教育原则分析[J].齐齐哈尔高等师范专科学校学报,2024(1):145-147,151.

[13] 杨孝融,徐海女.大学生深度学习能力及其与英语学习成效关系的研究[J].海外英语,2024(1):110-113.

[14] 张亚栎.自媒体时代大学英语课程"线上+线下"混合教育模式研究[J].长春大学学报,2023,33(12):77-80.

[15] 李琳.基于多元识读教学法的大学英语口语混合教学模式研究[J].梧州学院学报,2023,33(6):100-106.

[16] 王蓓.深度学习视域下大学英语阅读教学研究[J].中国多媒体与网络教学学报(上旬刊),2023(12):45-48.

[17] 李霞.混合模式下大学生英语学习投入度及影响研究[J].哈尔滨职业技术学院学报,2023(6):146-149.

[18] 杨彬彬.基于深度学习的大学英语SPOC混合教学模式构建[J].科教导刊,2023(31):79-81.

[19] 曹梦瑶.基于"E+T"相结合的大学英语混合式教学探索与实践[J].兰州工业学院学报,2023,30(5):157-160.

[20] 卢小蕾.基于生态语言视角的大学英语混合教学模式研究[J].淮南职业技术学院学报,2023,23(5):112-114.

[21] 张宏虹.产出导向法视域下的大学英语混合教学研究[J].英语广场,2023(29):102-105.

[22] 张宇.大学英语深度混合学习模式建构研究[J].齐鲁师范学院学报,2023,38(5):71-78.

[23] 崔丹.论新文科背景下大学英语混合式教学效果的路径提升[J].现代英语,2023(19):5-8.

[24] 李宪美.混合教学模式在大学英语视听说教学中的有效性研究[J].现代英语,2023(19):25-28.

[25] 周瑞雪.信息化背景下大学英语多元混合式教学模式改革研究[J].成都航空职业技术学院学报,2023,39(3):17-20,84.

[26] 王清波.大学英语线上线下混合教学方法探讨[J].湖北开放职业学院学报,2023,36(17):170-172.

[27] 贾仕莉.促进深度学习的高校混合式英语阅读教学模式探究[J].海外英语,2023(16):93-95.

[28] 庞守生.大学英语线上线下混合教学模式探析[J].现代英语,2023(15):9-12.

[29]陈川.深度学习视角下大学英语智慧学习评价实践研究[J].双语教育研究,2023,7(2):22-27.

[30]张朝霞.课程思政背景下大学英语混合式教学初探[J].南昌师范学院学报,2023,44(3):100-104.

[31]招周银.基于成果导向的大学英语混合式教学研究[J].吉林农业科技学院学报,2023,32(3):103-106.

[32]齐鸣.大学英语线上线下混合教学模式评价体系构建研究[J].现代英语,2023(11):29-32.

[33]陈蓓.新文科建设背景下混合式大学英语深度学习模式构建[J].安徽电子信息职业技术学院学报,2023,22(1):107-110.

[34]秦艳霞,曾佩璟,陈武.基于深度学习优化大学英语教学生态系统研究[J].教育教学论坛,2023(10):121-124.

[35]王蕾.基于深度学习的大学英语听说教学探析[J].长春教育学院学报,2023,39(1):72-77.

[36]黄孜隽.深度学习视域下的大学生英语学习现状、问题及对策[J].南昌师范学院学报,2023,44(1):119-123,140.

[37]周川.大学英语混合式翻转课堂教学新思路探索[J].海外英语,2023(3):162-165.

[38]江臣.大学英语混合式教学设计研究[J].现代英语,2023(3):41-44.

[39]刘艳娥.碎片化时代大学英语深度教学研究[J].吉林省教育学院学报,2023,39(1):58-64.

[40]李明澈.英语混合教学:现状与趋势(2012—2021年)[J].新疆职业大学学报,2022,30(4):27-32.

[41]张蕾.基于混合式教学模式的大学英语教学创新研究[J].现代英语,2022(24):17-20.

[42]马志燕.大学英语线上线下混合教学探析[J].现代英语,2022(23):38-41.

[43]杨大沾.基于网络教学平台的大学英语混合式教学模式分析[J].大学,2022(32):132-135.

[44]惠燕.深度学习维度下大学英语智慧课堂设计及实践[J].长春大学学报,2022,32(10):99-103.

[45]杨波.大学英语线上线下混合式教学模式构建研究[J].吉林农业科技

学院学报,2022,31(5):117-120.

[46] 孙艳婷,曲丽丽.基于深度学习的大学英语智慧课堂构建与应用效果评估研究[J].中国多媒体与网络教学学报(中旬刊),2022(10):9-12.

[47] 王静.大学英语听说混合式教学探索与实践[J].海外英语,2022(17):91-93.

[48] 闫虹,胡小明,张慧成.基于深度学习的大学英语三维混合式教学模式探索[J].海外英语,2022(17):150-151.

[49] 郭琪.基于深度学习理论的大学英语阅读课堂设计[J].英语广场,2022(26):101-104.

[50] 郑晰,文良.基于深度学习的交互式英语口语自动翻译系统设计[J].自动化与仪器仪表,2022(8):147-150,155.

[51] 丁明杰.深度学习视角下大学英语视听说智慧课堂教学模式研究[J].中国医学教育技术,2022,36(4):438-441,448.

[52] 王蓓,杨燕飞,李璐璐.促进深度学习的大学英语PBL教学模式的应用研究[J].教育教学论坛,2022(29):153-156.

[53] 赵方辉.大学英语线上线下有效衔接教学的实践途径探究[J].数据,2022(7):177-179.

[54] 于姗姗.大学英语混合式教学现状及优化:评《大学英语混合式教学探究》[J].科技管理研究,2022,42(13):239.

[55] 顾华.大学英语混合式教学有效性研究[J].延边教育学院学报,2022,36(3):112-114.

[56] 陈隽.线上线下相结合的大学英语混合式教学模式构建思考探索[J].现代英语,2022(12):17-20.

[57] 程杰,熊瑛.深度教育模式下"大学英语"课程思政建设[J].教育教学论坛,2022(20):32-35.

[58] 王静,刘晶波.指向深度学习的项目式学习法在大学英语教学中的应用研究[J].英语广场,2022(13):108-110.

[59] 康娜.传统课堂+慕课的大学英语混合式教学模式研究[J].现代英语,2022(8):21-24.

[60] 黄侠.线上线下混合教学法在大学英语公共课中的应用实践[J].海外英语,2022(6):132-133.

[61] 朱军平.浅析关于大学英语混合教学模式中"智慧课堂"的构建[J].海

外语,2022(6):154-156.

[62] 徐畅.基于翻转课堂的大学英语混合式教学模式与创新[J].黑龙江教师发展学院学报,2022,41(3):145-147.

[63] 刘海红.大学英语线上线下混合式教学的实践及策略研究[J].现代英语,2022(6):13-16.

[64] 陈杰,王庆怡."测、评、练"一体化大学英语混合式教学研究[J].教育教学论坛,2022(9):117-120.

[65] 王亚利."互联网+"背景下大学英语"混合+对分"教学模式的实施[J].长春教育学院学报,2022,38(1):69-74.

[66] 佟星.后疫情时代英语线上线下混合教学模式研究[J].现代商贸工业,2022,43(4):157-159.

[67] 吴颖聪.高校大学英语混合式教学模式下有效路径的探索与实践[J].中国多媒体与网络教学学报(上旬刊),2022(1):17-20.

[68] 李宣颖.大学英语线上线下混合教学实效性提升研究[J].湖北开放职业学院学报,2021,34(23):154-155.

[69] 袁新华.线上线下混合式教学在大学英语中的应用[J].现代英语,2021(24):44-46.

[70] 汤卓裔.指向深度学习的大学英语听说教学探索[J].现代英语,2021(24):35-37.

[71] 章丽芬,章素芬.大学英语教学创新路径研究探析[J].数据,2021(10):123-125.

[72] 刘婷婷.基于SPOC的大学英语混合式教学模式初探[J].科学咨询(科技·管理),2021(10):242-243.

[73] 郭囡.新时代背景下大学英语教学模式及内容探索[J].英语广场,2021(26):115-117.

[74] 刘冬梅.浅谈大学英语混合式教学线上线下衔接问题研究[J].海外英语,2021(17):127-128.

[75] 李诗韵.大学英语混合教学模式的应用[J].科技视界,2021(25):43-44.

[76] 伊萌萌,花拉.大学英语课程混合式教学模式研究[J].山西财经大学学报,2021,43(S2):127-130.

[77] 冯洋洋."互联网+"背景下大学英语混合式教学策略研究[J].英语广

场,2021(23):101-103.

[78] 杨静,侯斌.大学英语线上线下混合模式教学研究[J].现代英语,2021(15):7-9.

[79] 程昭玉.混合式教学模式在英语教学中的实践运用[J].江西电力职业技术学院学报,2021,34(7):28-29.

[80] 杨天.基于深度学习的大学英语混合教学模式的构建[J].黑河学院学报,2021,12(7):93-94,97.

[81] 兰希,韩彩丽.基于深度学习的大学英语智慧课堂教学策略研究[J].广西广播电视大学学报,2021,32(4):20-25.

[82] 李小兰.信息化背景下大学英语混合式教学改革与实践[J].高教学刊,2021,7(14):120-123.

[83] 陈金刚,毛陆原.慕课环境下混合式教学研究与实践[J].黄河科技学院学报,2021,23(5):90-93.

[84] 罗娜.智能时代基于深度学习的大学英语写作教学[J].现代交际,2021(8):23-25.

[85] 崔罗强.大学英语写作创新线上线下混合教学模式实践[J].现代交际,2021(7):193-195.

[86] 封宇.混合教学模式下的"产出导向法"有效性研究[J].高等教育研究学报,2021,44(1):105-108,120.

[87] 欧咏华."线上+线下"混合式大学英语写作教学模式研究[J].海外英语,2021(6):119-120.

[88] 马晓薇.大学英语线上+线下混合教学模式的应用分析[J].海外英语,2021(6):139-140.

[89] 孙萍.深度学习理念下英语课堂教学优化策略[J].科教文汇(中旬刊),2021(8):177-178.

[90] 李萍.混合教学理念下的大学英语写作教学模式探讨[J].冶金管理,2021(5):158-159.

[91] 王成伟.大学英语写作混合式教学研究设计与实践[J].山西能源学院学报,2021,34(1):50-52.

[92] 王春玲.大学英语听力课混合教学模式和在线教学模式比较研究[J].海外英语,2021(4):15-17.

[93] 王璐.基于"互联网+"背景下的大学英语混合式教学改革探索[J].海

外语,2021(4):146-147,151.

[94]鲍春艳,孙伟.基于"金课"导向的大学英语读写混合式教学研究[J].英语广场,2021(6):109-111.

[95]贺毅娜,李诚烨.浅析线上线下混合式教学模式在大学英语教学中的应用[J].英语广场,2021(6):112-114.

[96]钱琪.大学英语线上线下混合模式的实施分析[J].英语广场,2021(6):115-117.

[97]张瑞波.线上线下混合式教学模式在大学英语听力课中的应用[J].现代英语,2021(3):28-30.

[98]郭凤青.新媒体视角大学英语跨文化混合教学研究[J].齐齐哈尔师范高等专科学校学报,2021(1):143-145.

[99]屈萍,柳淑英.混合学习模式下大学英语口语教学的具身转向[J].齐齐哈尔师范高等专科学校学报,2021(1):152-154.

[100]万波.大学英语混合式教学模式设计与应用[J].现代英语,2021(2):31-33.

[101]奚宏,刘进军.混合学习理念下大学英语生态化教学模式的构建[J].北华大学学报(社会科学版),2021,22(1):144-149,156.

[102]高丽群.大学英语混合式教学课程建设的实践研究[J].北京城市学院学报,2020(6):46-50,56.

[103]姚令芝.后疫情时代背景下大学英语线上线下混合教学模式的分析[J].财富时代,2020(12):231-232.

[104]魏贵娟.混合教学理念下的大学英语写作教学模式研究[J].科教文汇(中旬刊),2020(35):177-178.

[105]刘红蕾.混合教学模式下多平台深度融合的大学英语线上教学探讨[J].英语广场,2020(32):122-124.

[106]刘娟."线上线下"相结合的大学英语混合式教学模式探究[J].科教导刊(中旬刊),2020(32):174-175.

[107]李梅菊."互联网+"背景下大学英语教学改革与发展研究[J].青海师范大学学报(哲学社会科学版),2020,42(6):159-164.

[108]戈滢秋.成效导向型学术英语"线上线下混合"教学案例[J].昭通学院学报,2020,42(5):96-100,109.

[109]郑紫元.翻转课堂背景下大学英语混合式教学改革研究[J].国际公

关,2020(12):128-129.

[110] 冯嘉韵,刘香萍.基于翻转课堂的大学英语混合式教学模式的应用研究[J].国际公关,2020(11):71-72.

[111] 刘慧.基于云课堂的线上线下大学英语混合教学模式研究[J].黑龙江教师发展学院学报,2020,39(10):132-134.

[112] 任智巍,顾红霞,耿聪.翻转课堂视角下的大学英语混合教学模式分析[J].山东农业工程学院学报,2020,37(10):166-170.

[113] 牛红梅.大学英语教学混合模式可行性思考[J].农家参谋,2020(19):250.

[114] 刘伟,房芳.基于云课堂的线上线下大学英语混合教学模式研究[J].信息与电脑(理论版),2020,32(18):230-231.

[115] 乔洪亮,付晓飞.基于"互联网+"的普通高校大学英语教学模式探究[J].河北工程大学学报(社会科学版),2020,37(3):98-101.

[116] 靖翠.大学英语"线上+线下"混合式教学模式探索[J].文化创新比较研究,2020,4(25):67-69.

[117] 唐翠琳.论大学英语混合式教学的有效性:从培养学生的自主学习能力的角度[J].海外英语,2020(15):128-129,140.

[118] 王艳丽.大学英语"引领+驱动"混合式教学模式探究[J].吉林广播电视大学学报,2020(8):7-8.

[119] 王蔷."互联网+"环境下大学英语混合式金课模式研究[J].吉林广播电视大学学报,2020(8):40-41,44.

[120] 冯勋.MOOC环境下大学英语混合教学模式应用研究[J].大学(研究版),2020(8):16-17.

[121] 马媛馨,黄明洁.大学英语写作教学中线上线下混合型教学模式的应用[J].湖北开放职业学院学报,2020,33(13):184-186.

[122] 温林妹.线上线下大学英语混合教学实践及策略探索[J].科技资讯,2020,18(20):44-45,48.

[123] 陈莹.线上线下混合教学法在大学英语公共课中的应用[J].科教文汇(中旬刊),2020(17):160-161.

[124] 赵晓岚.混合学习理念下大学英语生态化教学模式构建研究[J].辽宁经济职业技术学院,辽宁经济管理干部学院学报,2020(3):146-148.

[125] 闫绍丽.融媒体环境下大学英语混合式教学创新研究[J].湖北开放职

业学院学报,2020,33(6):179-180.

[126] 孙云梅.中国大学外语课堂环境研究[M].北京:中国社会科学院出版社,2009.

[127] 秦晓晴.外语教学问卷调查法[M].北京:外语教学与研究出版社,2009.

[128] 钟志贤.大学教学模式革新[M].北京:教育科学出版社,2008.

[129] 教育部高等教育司.大学英语课程教学要求[M].北京:外语教学与研究出版社,2007.

[130] 黄荣怀,周跃良,王迎.混合式学习的理论与实践[M].北京:高等教育出版社,2006.

[131] 钟志贤.信息化教学模式[M].北京:北京师范大学出版社,2006.

[132] 束定芳.外语教学改革[M].上海:上海外语教育出版社,2004.

[133] 陈坚林.现代外语教学研究[M].上海:上海外语教育出版社,2004.

[134] 秦晓晴.中国大学生外语学习动机研究[M].北京:高等教育出版社,2007.

[135] 何广铿.英语教学研究[M].广州:广东高等教育出版社,2002.

[136] 程晓堂,郑敏.英语学习策略[M].北京:外语教学与研究出版社,2002.

[137] 霍恩,斯泰克.混合式学习[M].北京:机械工业出版社,2015.